JN234768

英語上達完全マップ

森沢洋介

初級からTOEIC 900点レベルまでの効果的勉強法

ベレ出版

はじめに

　本書は、英語を覚えたいけれど何をしたらよいかまったくわからない初心者から、ある程度の英語力がついた後伸び悩んでいる中級者に、英語力を劇的に変え、使える英語を身につけるための明確な方法・道筋を示すことを目的としています。

　外国語は習うより慣れろ、とよく言われます。実際に使って上手くなるべきだという主張です。このご託宣を信じて、英会話学校に入学したり、英語圏への短期留学を実行する人も大変な数に上ります。しかし、基礎的な学習もしないで、このような実践一本槍で大きな効果が上がった例はあまり聞きません。「使って上達する」という方法は、すでにある程度英語を使える人にこそ効力を発揮するからです。

　こうした実情を反映して、すでに一定の年齢に達した日本人が、言語的にほとんど共通点のない英語を使いこなせるようになるためには、いきなりの実践だけでは無理で、初期に体系的な学習・トレーニングが必要という考え方が徐々に浸透してきているようです。昨今では、日本で生まれ育ち、海外生活をすることもなく英語を習得した人たちが、本やインターネットを通じ続々と優れた学習法を紹介しています。私が英語学習を始めた20数年前は、学習法の情報を手に入れるのが非常に困難でした。この点に関しては、まさに隔世の感があります。

　しかし、情報の増加に比例するようには、日本人の英語力は向上していないようです。学習者たちが有益な情報を利用できていないのです。原因の一つはこうした情報の与えられ方です。効果のある学習法が紹介されていても、それをどのように、どのくらい行うかの具体的

で細かな説明がされていることはあまりありません。また、学習・トレーニングの全体的なプラニング、コーディネーションも久しく見過ごされている分野です。最近音読や多読といった有効な英語のトレーニング法が一般的になってきていますが、1冊の本で一つのトレーニング法だけが扱われることが通例です。一つの栄養素だけでは肉体が成長しないように、英語を身につけるためには、いくつかのトレーニングを組み合わせて行うことが必要です。こうした複数のトレーニングの組み合わせや学習段階ごとのトレーニングプラニングについての全体図を与えてくれる本も現在までほとんど存在していません。

　本書は、このような欠落点を埋めるために、次の3点を特長としています。

① **トレーニングの数・種類を絞る**
　英語学習に関する膨大な情報が溢れている反面、皮肉にもこの情報の洪水の前で、学習者はどれを選べばよいのか？と途方にくれます。複数の人が英語学習の方法を説く時、実際はかなりの部分が共通のものなのですが、アレンジや個々のトレーニングの呼称が異なったりします。そのため、核となる学習法・トレーニング法は実は限られているのに、無数にあるように感じてしまいます。また、トレーニング法がめまいがするほど細分化されているノウハウ本もありますが、実際にはそれほど多くの方法を行う必要はありません。またいくつかのトレーニングは、抱き合わせて一つのトレーニングとしてまとめられます。これにより学習者の迷いと負担は大幅に軽減できます。

② **学習・トレーニングをできるだけ具体化・明確化する**
　何をやればいいのかはわかっても、具体的にどのようにやったらよ

はじめに

いのかわからないという訴えも多いものです。上達に欠かせない音読一つを例にとっても、どんな素材を、一度にどれくらい反復し、また1冊のテキストをどのくらい繰り返すのかということに学習者は迷います。個々の学習法・トレーニング法を実践する上で、どのような手順で、どのくらいやるのかという点について「英語トレーニング法」の章で具体的に詳しく説明しました。

③ 複数の学習・トレーニングをどのように組み合わせ、上達に合わせて学習全体をどのように進めていくかを明確に示す

英語を独学する人にとってもっとも難しいのは、個々の学習・トレーニング項目をどのように組み合わせ、上達の度合いに合わせて、学習・トレーニングメニューをいつ、どのように変えていくのかということです。この点に関しては、「トレーニングの進め方」の章で、モデルケースや実例などを挙げ可能な限り具体的に説明しました。

このように、英語習得という到着点を目指す人のために、どのような経路をどのように歩くかを、過去に例がないほどに明瞭に、詳しく示しました。これが、本書のタイトル「英語上達完全マップ」の来る由縁です。

本書のメソッドで学習・トレーニングを続けることで実現できるのは次のようなことです。

* 英語で、挨拶や決まり文句だけでなく自分の言いたいことがスムーズに言え、内容のあるコミュニケーションができる。
* 英字新聞、英文雑誌を自由に読み、情報収集ができる。
* 英語を使って仕事もこなせ、英語圏で生活しても困らない。

* 文庫本を読むようにペーパーバックを楽しめる。
* TOEICなどで高得点（900点前後）が取れる。

　もちろん、自分の目的を果たした時点での途中下車も自由です。さらに高い英語力を目指す人は、このレベルに達しても「マスター」からは遠く、一つの外国語を学ぶということが、どれほど奥が深いことか悟るでしょう。入り江から出て初めて大洋の広大さを知る船乗りのように。とは言え、外国語として充分に英語を使えるようにはなっているでしょう。もう、学習期は終わっています。今こそ「使って上達する」時が来たのです。その後はゆっくり自分自身の航路で船旅を楽しんでください。

英語上達完全マップ●目次

第1章　英語習得の戦略　11

❶ 幻想から現実的なトレーニングへ　12
1　幻想を取り払う　12
2　英語を日本語と同じように習得できるか？　13
3　海外に行くと自然にうまくなるのか？　15
4　短期間で英語がマスターできる秘策、教材はあるか？　22

❷ 英語は日本でも上達する　26
1　上達する人はどこが違う？　26
2　本当に英語を学習してきたのか？　29
3　効果的なメソッドをみつける　32

❸ 英語力を解剖する　36
1　さまざまなレベル　36
2　英語力の構造　41
3　上達する学習法のポイントとは？　44

❹ 英語テスト・特にTOEICについて　48
1　客観的尺度としてのテストの意義　48
2　TOEIC　51
3　テストを目的とした学習をしない　55
4　TOEICの限界　57

第2章　英語トレーニング法　61

❶ 音読パッケージ　64
1　音読の効果　64
2　音読パッケージとは　65

3 音読パッケージの実際の手順　69

　　4 どれくらいの分量を消化する？　82

　　5 どんな教材を使う？　84

　　6 上達の過程での適用　87

❷ 短文暗唱＝瞬間英作文　88

　　1 短文暗唱＝瞬間英作文とは　88

　　2 トレーニング上の重要ポイント　91

　　3 短文暗唱＝瞬間英作文のステージ進行　94

　　4 短文暗唱＝瞬間英作文の実際の手順　104

　　5 上達の過程での適用　114

❸ 文法　116

　　1 文法の必要性　116

　　2 運用文法を身につけよう　119

　　3 文法学習の進め方　122

　　4 文法問題集の使い方の実際　129

　　5 上達の過程での適用　135

❹ 精読　136

　　1 精読の重要性　136

　　2 精読と速読の融合＝精速読　139

　　3 旧式の精読法　142

　　4 効果的精読トレーニングの手順　145

　　5 上達の過程での適用　148

❺ 多読　150

　　1 多読への誘い　150

　　2 プレ多読の実践　156

　　3 プレ多読が終わったら　159

4　上達の過程での適用　165

❻　語彙増強＝ボキャビル　166

　　　1　ボキャビル開始のタイミング　166

　　　2　私自身のボキャビル体験　168

　　　3　ボキャビルの実践　175

　　　4　単語集の使用　178

　　　5　ボキャビルの手順　181

　　　6　上達の過程での適用　190

❼　リスニングトレーニング　192

　　　1　リスニングとヒアリングの違い　192

　　　2　リスニングトレーニングの実際　197

　　　3　上達の過程での適用　202

❽　会話　204

第3章　トレーニングの進め方　215

❶　標準プラン　218

❷　目的・目標レベル別プラン　226

　　　1　突然英語が必要になった：まずはTOEIC600レベル　226

　　　2　個人海外旅行を楽しめる英語力をつけたい　233

　　　3　読むことに特化　236

❸　トレーニング実例　240

第4章　トレーニングを継続するために　257

第 5 章　**お勧め教材**　275
　　1　音読パッケージ　277
　　2　短文暗唱＝瞬間英作文　281
　　3　文法　285
　　4　精読　288
　　5　多読　289
　　6　語彙増強＝ボキャビル　291
　　7　リスニング　293

第1章
英語習得の戦略

1 幻想から現実的な
トレーニングへ

1 幻想を取り払う

　英語を身につけたいと思う人の数は膨大です。大きな集団的な願望はさまざまな幻想を生みだすものです。英語習得に関する幻想の主な共通点は、苦労なしにあっという間に英語がマスターできる方法がどこかに存在するということです。残念ながらそんなにうまい話があるはずもなく、真摯に英語上達法を説く本やインターネット上のサイトなどで、これらの幻想の非現実性が指摘されています。しかし、いまだに多くの人に根強く信じられているのが次のようなことでしょう。

① **英語は母国語（日本語）を覚えたように、楽に、努力なしに習得すべきだ。**
② **英語が話される国に行けば、すぐにうまくなる。**
③ **短期で英語がマスターできる秘策、教材がある。**

　英語というターゲットを冷静に見すえ、身につけるための効率的な方法を紹介するというのが本書の目的ですから、まず幻想を取り払うというのは意味のあることだと思います。そこで、上に挙げた幻想・神話の信憑性について検証してみたいと思います。

2 英語を日本語と同じように習得できるか？

　人は意識的な学習をすることなしに、母国語を自然に身につけてしまいます。確かに私たちは母国語である日本語を覚えるのに、発音練習を繰り返したり文法の問題集を解いたりといった勉強はしません。にもかかわらず、物心ついたときには日本語を自由に使いこなす能力を身につけているのです。ここから母国語を覚えた時と同じ過程で英語も覚えるべきだという主張がされるのは自然です。確かに母国語と同じように英語を習得するというのが理想的な方法でしょう。しかしこれが「言うは易く行うは難し」の典型なのです。自然な過程と見える母国語の習得が、いかに理想的な条件のもとで起こるのか冷静に見てみましょう。

　まず、母国語を覚える以前には我々の頭には他の言語が入っておらず白紙の状態です。外国語を覚える際の大きな障害のひとつに母国語の干渉があります。例えば、日本の音韻体系が身についてしまうと、ＲとＬやＢとＶの区別が困難になるとか、日本語的世界観ができ上がってしまうと、外国語の発想法が受け入れがたくなるといったことです。母国語を覚えるときにはこの問題に悩まされることはありません。

　また、母国語を覚える過程で、子供は常にその言語のネイティブ・スピーカーに囲まれ言語刺激を与え続けられるのです。母親、父親、その他の近親者、外に出るようになると母国語習得の先輩である年上の子供たちとの付き合いも始まります。われわれは母国語の学習をしないというのはとんでもない勘違いです。意識的な「お勉強」をしないだけで、人生の最初の数年間に極めて濃密な言語訓練を受けるのです。

もうひとつ言語習得を容易にする子供の脳の問題があります。柔軟な幼い子供の脳は言語に対して開放されていて、母国語はもちろん、2つ目、3つ目の言語でも楽々と吸収していきます。海外で暮らすことで外国語を流暢に操るようになる帰国子女たちはその好例です。しかしこうした状態は、10～12才くらいの比較的早い時期に終わり、それ以降は長期間海外で暮らしても帰国子女たちのような形での外国語の習得は起こりにくくなります。

　日本語と同じように英語を覚えるというのはこのような条件、環境を再度作り出すことです。しかし、もう一度子供になり、日本語を頭から消去し、英語で囲まれた子供時代をやり直すわけにはいかないのです。ある年齢に達してしまい、日本語で日常生活を送る学習者が英語に上達するためには、母国語の獲得や子供が言語を覚えるプロセスに刺激やヒントを得ながらも、異なった方法を見つける必要があります。

3 海外に行くと自然にうまくなるのか？

英語が話される国に行って生活すれば、すぐに英語が上達すると信じる人は多いものです。しかし、基礎力を持たず一定の年齢に達した人が、英語圏で暮らすだけで英語に熟達するということはまず起こりません。これについては私自身が3年ほどの海外生活でたっぷりと実例を見ましたのでそれについてお話しましょう。

えっ、1年以上いてこのレベル？

私が初めて海外に出たのは'89年のことで当時31歳になる直前でした。アイルランド、イギリスを3カ月ほど旅行する計画で、最初の数週間はイギリス南部の語学学校で英語を学ぶことにしました。すでに基礎訓練は終えていて20代後半にはTOEIC900程度のレベルに達していましたが、3年ほどまったく英語に触れていなかったことと、実際の会話経験が皆無に等しかったので、しばらく現地の学校で錆落しと会話の練習をすればその後の旅行が楽になると思ったのです。

学校に着くとすぐに英語力をテストされ、7つほどあるレベルの一番上のクラスに振り分けられました。12、3人いる学生のほとんどはヨーロッパ人で、一様に流暢な英語を操り、さすがに最上級クラスだなと思ったものです。しかし、その中に3人いた日本人学生の英語がヨーロッパからの学生とは程遠いレベルだったのです。ヨーロッパ人学生たちが英語を実に楽々と話すのに対し、日本人学生たちが英語を話す時は、頭の中で懸命にセンテンスを作り上げているのが明白でした。読解スピードもまったく違い、授業で新聞の記事などが使われると、日本人学生が3分の1も読まないうちにヨーロッパ人学生

たちは読みきってしまうのです。数日するうちに、事情がだんだんとわかってきました。そのクラスのヨーロッパ人学生たちはおもにドイツ、オランダ、北欧など英語と非常に近い言語が話される国の出身で、また語学学校での勉強はバカンスを兼ねたもので、滞在期間は1週間から長くて1カ月くらいの短期でした。一方、3人の日本人学生たちは全員すでに1年以上その学校に籍を置いているのでした。彼らの英語のレベルそのものはとても上級とは言えないものの、在籍期間の長さと出席情況の良好さからエスカレーター式にクラスを上げられて来たのだということが察せられました。他のクラスにも日本人学生が分散しているので全校で20～30人の日本人がいたのですが、最上級クラスでその程度ですから下のクラスにいる日本人学生の英語力は痛ましいものでした。

　他の日本人学生たちは、日本から来たばかりの私がヨーロッパ人学生たちと同等の英語を話せるのを不思議がっていましたが、私の方も彼らがイギリスに1年以上もいて英語を使いこなせないことが理解できませんでした。というのも、それまでは私自身、海外で数カ月から1年程暮らせば英語は自然に上達するものと思っていたからです。日本で英語のトレーニングはしていましたが、それは他の選択肢がなかったからでした。当時私は留学ができるような情況ではなく、英語力をつけたければ国内でやるよりほかなかったのです。しかし、できることならいつか海外で暮らしたいと願っていたし、そうすれば日本よりはずっと簡単に英語を覚えられると思っていました。ですから、イギリスの語学留学生の実態を知った時は愕然としました。

第1章　英語習得の戦略

語学留学の実態

　アイルランド旅行を終えた後、私はひょんなことから現地で職を得、'92年に帰国するまで首都のダブリンで生活することになりました。私が得た仕事はロンドンに本店を置く日系旅行代理店のダブリン支店長というものでした。この職を通じて、海外で英語を身につけようとするいわゆる語学留学生の実体をつぶさに目にすることになりました。

　当時アイルランドは日本人の少なさから語学留学の穴場として知られ始め、日本人学生の多さを嫌ってロンドンやその他のイギリスの各地から日本人学生が流れて来たりもしていました。彼ら語学留学生はたいがい期間1年のオープンチケットを持っていて、帰国が近づくと帰りのフライトの予約を入れるのです。彼らが店にやってくると私は前任者に倣い、無料で予約の代行を行っていました。しかし、アイルランドで唯一の日本語が通じる旅行代理店のため、語学留学生の間に口コミで情報が伝わり次々と予約代行を求めて訪ねてくるようになったのです。彼らが持ってくる航空券は、他の旅行代理店で購入したもので、本来私の店でそうした面倒を見る義理はありません。ただ、英語の話せない人を同じ日本人のよしみで助けてあげようということで私の前任者が始めた無料サービスでした。私が勤めていたダブリン店は私以外従業員が1人もいない店で、何から何まで1人でこなさなければならず、オフシーズンならともかく仕事の忙しい時期に余分な仕事をすることは、日本人語学留学生の増加に伴い負担になってきました。また用がすんでも店に居座る留学生もいて、オフィスが語学留学生の談話室と化すこともたびたびでした。そもそも席の予約自体に大した英語力は必要ありません。航空会社に電話して、「貴社のオープンチケットを持っているが、○月○日のフライトの席を取り

たい」というようなことを言えばいいだけのことです。使いそうな英語の文句をいくつか書き出して、これを読めばいいからと渡しても、「相手の言うことが理解できない」と、べそをかきそうな顔をするのです。しかし、そもそも海外にやってきたのは英語を学ぶためだったはずです。オープンチケットの帰りのフライトを予約するということはもう1年海外暮らしをしているということにほかなりません。それでこの程度の英語のやり取りができないというのは理解に窮します。ついに私は予約代行に対して50ポンドの料金を取ることにしました。当時のレートで1万円を越していましたから、わずか1、2分の電話で済んでしまうサービスに対する代価としてはかなりのぼったくりだと思います。私としては、こうすればさすがの語学留学生たちも私の書いたフレーズを頼りに自分で予約に挑戦すると思ったのです。しかし、驚いたことに相当数の留学生たちが、そのとんでもない料金を払い予約の代行を頼んだのです。

基礎なしで海外に行っても上達しない

　海外生活を英語の上達に役立てられないこうした語学留学生を毎日相手にして、「英語が話される国に行って暮らせば自然と流暢になる」というのは幻想に過ぎないことがよくわかりました。成人が海外で英語力をつけるのは、子供が言語を吸収するのとは随分違います。私自身の会話能力の向上を客観的に振り返ってみても、大人の場合はもともと備えていた基礎力が実際に英語を使う情況の中で活性化するというのが適切でしょう。1年からせいぜい3年程度という滞在期間では、どこまで上達するかは、その人がもともと持っていた基礎能力に左右されます。

　海外で英語が上達するのはネイティブ・スピーカーとのコミュニ

第1章　英語習得の戦略

ケーションの絶対量が増すからなのですが、そのためには初めからある程度の英語力が要求されます。ある程度の基礎力を持っていなければそもそもコミュニケーションが始まらないのです。日本では欧米系の外国人が、日本語が話せなくてもちやほやされる傾向がありますが、英語のできない日本人が海外でこのような待遇を受けることはまずありません。ネイティブ・スピーカーには満足に英語も話せない東洋人のお守りをする義理はまったくないのですから、彼らとの互角の付き合いは英語ができて初めて成り立つものなのです。

　語学留学生の多くは学校外で現地の人との交友を広げていくような英語力を持っていないので、いきおい日本人同士で固まって行動するようになります。学校では同じようなレベルの学生たちとブロークンイングリッシュを話し、放課後は日本人の仲間と連れ立ってショッピングと喫茶店でのおしゃべり。これでは英語が上達するはずがありません。

　現在、日本にはその気になれば英語を学ぶためのあらゆる道具が揃っています。教材、音声媒体、新聞、雑誌、書籍、教師。これだけ1言語の学習のための環境が整っている国は珍しいでしょう。こうした環境の中にいながら、必要とされる努力をしてある程度の基礎力をつけることもできない人が、海外に行ったからといってにわかに環境を自分のために役立てる体質に変わることはないでしょう。実際、私が海外で出会った英語の上手い日本人のほとんどは、既に日本でかなりのレベルに達していた人たちでした。高い基礎力を持っているので、ネイティブ・スピーカーとの自然なコミュニケーションにスムーズに入っていけ、それによって英語力にさらに磨きがかかっていく、というのが、大人が海外で英語が上達する一般的な形なのです。

海外に行くタイミング

　もちろん、海外生活そのものが無駄というわけではありません。外国語の基礎をしっかりと身につけた後、最後の仕上げとして、その言語が話される国である期間生活するのは理想的です。しかし、海外生活を英語力向上に役立てるためにはそのタイミングが問題になります。語学力を磨く点での海外生活の一番の利点はネイティブ・スピーカーとの接触が多く持てるということですが、そのためには会話が成立するだけの基礎力が必要です。

　海外の英語学校では会話を中心に学べると思っている人が多いのですが、英語学校は会話学校ではありません。初級、中級クラスではかなりの時間が文法のために割かれ、そのレベルはあまり高くありませんし、いろいろな国籍の学生がひとつのクラスの中にいるので、文法ルールを教える方法が日本人に向いておらず、日本の学校で勉強するより能率が悪いということもあります。そもそも海外の語学学校で文法や基礎語彙を勉強するのは時間と費用の無駄だと思います。文法や語彙増強は日本で勉強できるし、しておくべきです。

　海外で英語の使用能力を大きく伸ばすためには基礎段階がほぼ完成してから行くのがもっとも効果的です。具体的に言えば、TOEIC800を越えるレベルなら申し分ないでしょう。このレベルで海外に行けば、初めからネイティブ・スピーカーとのコミュニケーションはかなり円滑に進み、持って行った基礎力が短期間でどんどん活性化するのを実感できるでしょう。もっとも、TOEIC800は理想的ですが、やや基準が高すぎるかもしれません。しかし多少妥協してもTOEICで600を越え、1対1の対話では相手の言っていることがほぼつかめ、ぺらぺらとはいかなくても言いたいことを自分のペースで話せるレベルには達しておくべきです。このくらいの英語力は日本にいても必ず

身につけることができるし、それができない人は英語学習に対する動機が曖昧で、目標のために主体的な努力をする性質が欠けているわけで、海外で学んでも大きな成果をあげるのは難しいでしょう。

4 短期間で英語がマスターできる秘策、教材はあるか？

英語の特効薬は存在しない

　英語を苦労なしに、あっという間に覚えるための方法、教材を探し求める人が多いようです。そして、実際にさまざまな媒体でそのような方法、教材の広告が打たれています。宣伝コピーは実に魅惑的です。「○カ月であなたもネイティブレベルの英語力が身につく」だの「努力しなくても○週間で英語をマスター」、中には「○時間でペラペラ」と銘打ったものもあります。どれも実に巧みな誘い水を撒き、英語学習者の幻想を膨らませてくれます。しかし、結論から言えば、電子レンジにかけたごとくあっという間に英語力をつける方法や、それをやるだけで初心レベルから上級レベルに一気に英語力を引き上げてくれる決定的な英語教材は存在しません。少なくとも、現時点ではそういうものはありません。

　もし、英語が努力なしに、短期間にマスターできる方法が現実に開発されたらどうなるか、冷静に考えてみましょう。英語に対する憧れは強く、英語が話せたらなあと思っている人の数は膨大です。高校・大学受験でも英語が合否を分ける重要な科目であり、ビジネス界での英語によるコミュニケーション能力への要請は大変強いものです。もし、一気に英語力をつける方法ができたなら、それがどんなにひっそりと生まれたとしても、効果を上げた人から人へと口コミでひろがり、やがてマスコミも大きく扱うこととなるでしょう。言語学会や教育機関も注目するはずです。そしてその方法の有効性が証明され、多くの人に使用されるようになれば、従来の時間とエネルギーを要求する学習法はもはや一顧だにされなくなり前時代の遺物として忘れ去ら

れるでしょう。ところがそういった事態が起こっている気配はありません。実際には「らくらく英語マスター法」やら、「革命的教材」やらは、ひっそりどころか、莫大な宣伝費をかけて書店や新聞、雑誌などで広告されて世に出ます。しかし、今までのところ日本人の英語力に大きな変化は認められません。英語をマスターするための魔法めいた手は、少なくとも現時点ではないということでしょう。

これひとつに賭けてみたけれど

　ここで私自身の経験をお話しします。英語を努力なしにあっという間にマスターできる秘術などは信じていない私でしたが、教材への盲信に対する免疫はありませんでした。大学に入学すると同時に、私は定評のあるシステム教材で英語の学習を始めました。実はこの教材を手に入れたのは高校1年の時でした。商社に勤務する父がなんの気まぐれか、ぽんと買ってくれたのです。なんでも父の勤める会社で海外駐在が決まった社員は皆この教材で勉強していくという信頼の厚いものだったのです。英語に興味を持つ友人たちの中にも、この教材について知っているのがいて、彼らによるとこの教材をマスターするとアメリカ人と区別のつかない英語を話せるようになるそうで、私は大いに羨ましがられたものです。当時毎月買っていた映画雑誌にも、この教材の広告が載っていて、「おかげで映画が字幕なしに楽しめるようになった」とか、「ネイティブ・スピーカーにアメリカのどこで育ったのかきかれた」、というような利用者の成功談が私の期待をますます膨らませました。もっとも何をするにも助走期間の長い私が、実際にこの教材を使うのは数年してからだったのですが、やりさえすれば自分はバイリンガルとして生まれ変わるのだと信じていました。大学に入り、いよいよこの教材の封を解き、数冊の分厚いテキストと

解説書、ドリルブック、10巻近いカセットテープを手にしたときは、1年後英語の達人に変身している自分を想像し陶然とした気分に浸りました。私はその日から毎日欠かすことなく、解説書に書かれた学習法に従って、実に勤勉な勉強を続けました。常に大声で練習していたので、マンションの隣人の方から「随分ご熱心で」、と皮肉まじりに言われたこともありました。しかし、約束の1年後、1日も欠かすことなく学習したにもかかわらず、私の英語力は期待したレベルからは程遠いものでした。映画は相変わらず字幕なしではほとんどわからないし、思ったことを英語で言ってみようとしても英語が自動的に口をついて出てくるという具合には行きませんでした。ペーパーバックを開いてもすらすら読めるなどとんでもないことでした。

この教材がインチキだったというわけではありません。現在も多くの学習者に利用されているこの教材はよくデザインされた優れた教材で、事実、私はその後フランス語を勉強する時にもこの会社の教材を楽しんで使いました。ただ、どんなに素晴らしい教材でもそれだけで一言語をマスターするなどということは起こり得ないのです。教材の販売者はビジネスの常で買ってもらうためには多少大げさなことを言うものです。英語の習得は一足飛びに短期間で達成されるものでなく、薄紙を1枚ずつ剥ぐように多くの段階を経ていくものです。ひとつの食品、ひとつの栄養素だけで身体が成長しないように、英語力を伸ばすためにはさまざまなトレーニング、教材をバランスよく組み合わせ使っていく必要があります。

当時の私は裏切られた思いだったのですが、実際にはこの教材は初心者の私がその段階で得なければならない栄養を与えてくれ、英語力向上の一助にはなったはずです。教材を使う時、それをこなすだけで英語力が完成するのではなく、自分の英語の血肉になっていく栄養の

一つと考えるべきだと思います。

幻想

goodbye〜

2

英語は日本でも上達する

1 上達する人はどこが違う？

　英語に対する日本人の思い入れには一種独特なものがあります。書店には英語関連の本が溢れ、英語学習教材の広告が新聞・雑誌のまるまる1ページを占め、テレビでは英会話学校が楽しげなコマーシャルで誘い水を撒いています。1外国語が、ひとつの巨大な市場を作り得るという情況は外国のメディアの興味を引くらしく、日本人の英語熱を取り上げた外国の新聞、雑誌の記事をときおり目にします。そうした記事がお決まりの落ちとして使うのは、思い入れとはうらはらの、日本人の英語力の低さです。

　実際、強い憧れとはうらはらに一般的日本人の英語力は惨憺たるものというのが現状だと思います。「中学、高校そして大学まで英語の授業を受けながら使い物にならないのだから、所詮英語は勉強しても無駄、かくなる上は海外に行くか、外国人と実際の会話をするしかない。そうだ、英語のシャワーを浴び実践を踏めば生きた英語をマスターできるに違いない」。挫折の反動からこんな発想をするのは無理のないことかもしれません。しかし、実情はあまり明るいものではありません。英会話学校とそこで学ぶ学生の数は増えても、英語が堪能な人が急増したという様子はありません。英語圏の国への語学留学も一般的になりましたが、1年に及ぶような滞在をした場合でも立派な

第 1 章　英語習得の戦略

英語を使えるようになって帰国する人たちはあまり多くありません。比較的幼い時に、現地の学校に通いながら数年を海外で暮らすといういわゆる帰国子女の例を除き、一定の年齢に達してからは基礎力を持たず、ただ会話をするだけでは外国語の力は大して伸びないからです。しかし、日本で勉強しても駄目、海外で実践を踏んでも駄目では絶望が深まるばかりです。英語を身につけることはほとんどの日本人にとって、永遠に「見果てぬ夢」なのでしょうか？

そんなことはありません。日本を一歩も出ることなく英語力をつけた人たちはいくらでもいます。こういう人たちと英語を覚えたいと願いながら思いのかなわない人たちの間に存在する違いは何でしょうか？

まず、英語習得に成功する人たちは、英語をいたずらに幻想のプリズム越しに見るのではなく、攻略すべきターゲットとして、冷静に、現実的に見据えます。英語は日本語とはまったく語族の異なる、共通点のほとんどない言語です。また、我々は日常生活の中で、生きた言語として英語を使わなければならない場面などまったくないまま成長します。こうした事実を冷静に把握して、自分と英語との距離を明確に測定することが必要です。英語が上達する人たちはこの距離測定をしっかりとするので、申し訳程度の学習や基礎的土台なしの英会話で英語を習得できるというような甘い見積もりはしないものです。つまり、大きな川を歩いて渡れるというような勘違いをせず、まずしっかりとした船を用意し、向こう岸に到達するまで着実に漕ぎ続けるのです。具体的に言えば、英語をモノにする人たちは次の 2 点を必ず押さえているものです。

① 　英語を身につけるための基本トレーニングを知っている。

② **基本トレーニングを、必要な量、実行・継続している。**

　これは、あらゆる技術体系を習得するための鉄則で、楽器やスポーツについてもまったく同じことが言えます。ピアノや柔道を正式に習い、一定期間着実に稽古、練習を続けるならば、誰でもかなりの腕前になるでしょう。確かに、世界的ピアノ・コンテストで入賞したり、柔道の国際大会に出場するレベルに至るには生まれついての才能が必要でしょうが、ホーム・コンサートでショパンのワルツを演奏したり、柔道の黒帯を締めるという段階までなら誰でも到達可能でしょう。英語を身につけるということは、TOEIC900というようなかなり高度な水準を目指すにしても、この程度の難度であり、特殊な才能を前提とするものではありません。多少の速い、遅いの差こそあれ技術的には誰でも達成することのできるレベルです。ただ、練習をすることは避けられず、ピアノが家にあるだけで弾けるようになったり、柔道着を着ただけで相手を投げられようにならないのと同じです。

第1章　英語習得の戦略

2　本当に英語を学習してきたのか？

　日本人の英語に対する恨みつらみの大部分は、客観的には頷けないものが多いものです。本来、挫折感や絶望感は、それ相応の努力をしても、それが正当に認められなかったり、報われない時に抱くべき感情ですが、英語が身につかないことをこぼす人たちの多くは実際はそれだけのエネルギーを英語習得のために注いでいないのです。その努力の内実はというと、フレーズ集をぺらぺらめくってみたり、誇大な広告の教材を試してみたり、週1～2回程度の英会話学校通いだったりします。これで、日本語とはまったく異なる英語を使いこなせるようになろうというのは、あまりに現実感が欠けています。楽器やスポーツが必要量の適切な訓練なしに上達しないことは理解しているのに、こと英語となるとなぜこうも見積もりが甘くなるのでしょうか？

　「さんざん勉強してきたのにさっぱり英語が身につかなかった」という国民的被害者意識を生み出す共通体験は学校での英語教育でしょう。しかし、これもあまり正当化されるものではありません。もし、中学・高校で教えられる内容を本当に「さんざん勉強して」身につけているなら、英語力の基礎は相当な部分完成しているわけで、日本人の大半が英語を使えないという現状はありえないはずです。実際には、多くの人は「学校で何年も英語を学習してきた」のではなく、**「何年もぼんやりと英語の授業を受けてきた」**に過ぎないのです。例えば、次のような英作文が、瞬間的に口頭でできるでしょうか？
「彼のお姉さんは町のほかのどの女性よりもきれいだ」
「窓を割ったその少年は、お父さんに叱られるだろうか？」

　どちらも中学英語の範囲内ですが、ばね仕掛けのように英文が口をついて出てくる人は少ないでしょう。鉛筆と紙を用意してかなり時間

をかけて考えても正確な英文を作れない人も多いでしょう。その場合には学校英語が身についていないという以前に、「わかって」もいないのです。

　学校英語の限界が「わからせる」ことにあり、わかったことを「身につける」ようには機能しないことも事実です。それには次のような要因があります。

① 英語が実際に使えるようになるようなメソッドで教えられていない。
② 英語を実用にするための学習プラニングが存在しない。
③ 外国語の駆使能力をつけるためには1クラスあたりの学生数が多すぎる。
④ 1クラスの生徒のレベルがまちまちである。
⑤ 教師自身の英語能力があまり高くない場合が多い。
⑥ 学生の目的意識が低く、十分な努力をしない。

　本当に学校教育で英語力を高めていくためにはこうした問題をクリアしなければなりません。有効な授業を行うためには1クラスあたりの生徒数は少人数に抑え、レベル別に編成されていなければなりません。また、英語教師は少なくともTOEICで900点前後、TOEFLで600点前後の英語力を持っているべきでしょう。しかし、公教育の場でこうした問題をすべてクリアするのは不可能でしょう。

　日本の学校英語は役に立たないと槍玉に挙げられることが多いのですが、学校の授業で外国語が身につかないのは日本に限ったことではありません。私が約3年滞在したアイルランドやイギリスでは日本よりずっと早い年齢から学校で外国語（主にフランス語のようなヨー

ロッパ言語）が教えられています。しかし、一般的アイルランド人やイギリス人がフランス語などを自由に駆使しているなどということはありませんでした。もちろん外国語の上手なアイルランド人やイギリス人にも会いましたが、彼らは語学力を学校で習得したわけではなく、**必要に応じて、個人的な意志と努力により**身につけたのです。

　英語を母国語とする人たちにとって、フランス語などの他の印欧語を学ぶことは、日本人が英語を学習することよりはるかに容易です。それでも、学校教育で外国語の駆使能力をつけられないという状況はさして変わらないのです。外国語を本当に身につけるためには、**個人的な強い目的意識、適切なメソッドとプラン、一定量の濃密なトレーニングといったことが不可欠です**。本来、英語の使用能力をつけるようにプランされていない授業を、それも漠然と受けてきただけで、「学校で英語をやってきたのに全然ものにならなかった」などと嘆くのは、投資をしてもいないのに、利益が上がらないと不平を言うようなもので妙なことだと思います。外国語を習得するには誰かが教えてくれるという受動的な意識を変えることが第一歩です。そこで初めて、モノにしようという言語と自分の立つ位置との距離の測定が可能になり、その距離を埋めるための手立てを探すことが始まるのです。

3 効果的なメソッドをみつける

　英語が身につかない原因は、才能がないためではなく、ただ効果的なメソッドに従って十分なトレーニングを積んでいないということに尽きます。ですから効果的なメソッドを見つけることが第 1 の課題です。効果的な学習メソッドというものはいったん理解してしまえば実に単純なものなのですが、独力で作り上げていくのはなかなか難しいものです。

　私の教室で学習を始める人たちの中でひとつの大きなグループをなすのが、TOEIC600 点前後で伸び悩んでやってくる人たちです。学校でぼんやり授業を受けただけではこのレベルにはまず達しませんから努力をして来た人たちです。ところがそのレベルに達した後、進歩が止まり長期間同じ状態が続いているのです。学校である程度学んだ後、どんな方法であろうと学習を続けていると、中級程度、つまりTOEIC600 点前後の英語力はつきます。しかし学習法に大きな穴があると、それ以上の向上が難しくなります。多くの時間を費やし、努力もしているので本人のフラストレーションは大変なものです。その徒労感は私自身経験しましたのでよく理解できます。**英語を身につける上で唯一運、不運に左右されるのが、効果的なメソッドを見つけられるかどうかということ**です。運がよければ袋小路からの出口が見つかります。英語が身についた人たちはこの幸運に恵まれた人たちです。しかし確率的には脱出口が見つからずここで力尽きてしまう人の方がずっと多いに違いありません。

　長期の停滞状態に苦しむ人は英語に対する思い入れが強く、自分なりに努力はしているという意識があるだけに、中には思い悩み、強い挫折感を抱えている人さえいます。こういう人たちが憔悴しきって私

の教室に辿り着いてくると、かつての自分を見るようで、肩を抱き、慰めの言葉をかけたくなります。しかし、指導する側にとって、彼らは最も英語力を伸ばしやすい生徒でもあります。もともと英語に対する姿勢が真面目で、地道に学習する体質もできているからです。欠けていたのは適切な方法論だけなので、効果的なメソッドにさえ出会えば急激に進歩していきます。高いモチベーションを持って、効果的なメソッドに沿ってトレーニングを継続すれば、国内でも十分に英語力を身につけることができるのです。

英語力をつけるための基本法則はきわめて単純なものです。「**意味・文構造を理解できる英文を意味処理しながらひとつでも多く自分の中に取り入れ、英語の文法・構文に則った文をひとつでも多く作る**」ということを行えばいいのです。この基本法則を効率的な方法で実践する上で重要なポイントをいくつか挙げてみましょう。

① 文法・構文は基本的なものをマスターしてから、より高度で複雑なものに取りかかる。
② 勘や推測に頼らない、文構造をしっかりと把握する読み方を身につける。
③ 学んだことを「わかる」だけでなく「できる」ようにする。
④ 「わかっていること」を「できる」ようにするために声を出す。
⑤ 一気の暗記をせず、軽い繰り返しによる刷り込みで知識を技術に変える。

国内で英語を身に付けた人は、意識するしないにかかわらず必ずこういったポイントを守った学習を行っているものです。近年国内だけで英語をものにした方たちが多くの優れたノウハウ本を書かれていま

すが、私自身を含めて学習上の基本的な方法は奇妙なほど似通っています。反対に努力しているが英語が身につかない人たちはこうしたポイントを押さえずに上昇気流に乗れない、漏電的な学習をしているものです。高度の英語力を身につけた人たちは、上に挙げたようなポイントを押さえた上で自分なりのスタイルで学習を続けたのです。

第 1 章　英語習得の戦略

3 英語力を解剖する

1 さまざまなレベル

　私自身覚えがあることですが、初心者は英語力にもいろいろなレベルがあることがわかっていないことが多いものです。つまり、英語はできるか、できないか、話せるか、話せないかのいずれかというように考えているのです。

　私の場合、訓練を続けていれば遠からぬある日、ある瞬間に、カーテンが落ちるように英語がわが物となるのだと考えていました。その瞬間が訪れれば、英語が母語と同じ実感のあるものになり、それ以降は日本語と同じ流暢さ、気軽さで操ることができ、唯一の差は語彙などの知識的な点だけだろうという具合でした。究極の「ブレークス

ルー神話」です。

しかし、外国語の力というのは、このような劇的な once and for all といった形で得られるものではありません。実際には、薄紙を1枚ずつ剥いでいくような、自分では知覚できないような微妙な変化を繰り返し、気がつくとかなりの進歩を遂げているというものなのです。

外国語として学習する英語の能力を大まかにレベル分類すると次のようになるでしょう。

レベル1：英語の訓練をまったくしていない段階。学校で漫然と授業を受けてきただけ。一般的日本人のレベル。外国人に道で話しかけられたり、海外旅行をしたりしても、知っている英単語を並べることと、身振り手振りでコミュニケーションをとるのが精一杯。このレベルで英語（というより英会話）に興味のある層の本棚には「楽々英会話何とか」とか、「あっという間に英語マスター云々」といった類の本、教材を持っていたりします。TOEIC300台止まり。

レベル2：大学受験時代英語の偏差値が70を超えているなど英語がかなり得意で、その上多少の実践的訓練に手をつけたレベル。センテンスによるコミュニケーションができ始める。でも反応が遅く、表現もひどく限られています。読みは簡単なものをゆっくりと読めるだけ。TOEIC400〜500くらい。英検2級の賞状が壁に飾られていたりします。

レベル3：コミュニケーションの用に足る英語力の入り口。スピード

や表現はかなり限られているものの、実のあるコミュニケーションが取れ始める。単独で海外旅行に行ってもそれほど不自由はしない。英語のできない人には、「いいなー。英語がペラペラで」などと羨ましがられる。読みも簡単な内容なら速読ができ始める。TOEICは600突破。

レベル4：英会話がかなりでき、英語のできる人で通る。読みも英字新聞などがかなりのスピードで読めるようになる。留学が可能。企業が従業員に求める英語力の上限。仕事で海外駐在を数年経験したビジネスマンにこのレベルの人が多い。ネイティブ・スピーカーにこまかな部分を助けてもらえば仕事でも生活でも支障が少ないので、自発的、積極的な努力をしないと十数年海外にいてもこのレベルにとどまることが多い。TOEIC700〜800台。

レベル5：英語で仕事、生活の会話全て流暢にこなせる。英語圏で暮らしても障害ほとんどなし。英語を話すことで疲れない。ネイティブ・スピーカーがスピードを落とさずに対等に話しかけてくるようになる。新聞・雑誌・ペーパーバックを寝転がって楽しんで読める。しかし、複数のネイティブ同士の非常にカジュアルな会話の中に投げ込まれたり、早口でぞんざいな発音で話される映画やテレビドラマを見たりすると半分程度しかわからない。英文を書くと構文的にはほぼ正確だが、冠詞、前置詞の間違いやネイティブからみると不自然な文体が混じる。TOEICは900点〜満点。

レベル6：発音や表現にかすかなエキゾティズムが漂うが、ネイティブ・スピーカーと全く同レベルで話すことができる。英語を話す時にまったく文法・構文を意識せず、しかも文法的間違いを起こさない。複数のネイティブ間のくだけた会話も、映画・TVドラマも完全に理解できる。また、自然な文体でミスのない英文をすらすらと書くことが可能。TOEICなどのテストで測定することはナンセンスなレベル。

レベル7：すべてにおいて母国語と同じレベル。

レベル5〜7に関してもう少し解説しましょう。

　まず、レベル7。外国語をあらゆる点で母語と同等に使える、狭義のバイリンガル（英会話業者が軽軽しく口にする「バイリンガル」にあらず）で、学習・訓練で達するレベルではありません。われわれ英語学習者にとっては、「天国」とか「ユートピア」などと同じく観念的にのみ存在するレベルです。

　レベル6。これが英語を学習するときの究極の目標といえるでしょう。すでに高度の英語力を身につけているものの、さらに上達を願う人にとっては、このレベルに達することは悲願といってもいいかもしれません。極めて到達困難なレベルです。私は、一定の年齢に達してからの学習・訓練でこのレベルに達した日本人には直接会ったことがありません。一流の通訳などプロの中にこのレベルの人がいるのでしょう。オランダ語、北欧語など英語と極めて近い言語を母国語とす

るヨーロッパ人には、このレベルの人が少なくありません。

　レベル5。学習・訓練により英語力を向上させてきた日本人はほとんどこのレベルに到達して伸び止まります。私自身もこのレベルに10年以上とどまっています。このレベルの人は英語圏に暮らし、仕事、日常的なコミュニケーションにほとんど支障もなく、TOEICは楽々と900を越え、試験時間もかなり余ります。レベル4以下の学習者からは指導を求められたり、英語の達人と呼ばれたりしますが、本人は自分の英語力の高さががあくまで他の日本人と比べての相対的なものであるということを自覚しています。このレベルにとどまっている人は2つのグループに大別できます。外国語としては満足のいくレベルまで英語が身につけられた、このレベルの英語を一生便利に使っていこう、と恬淡として快適にこのレベルにとどまる層と、学んで覚えた外国語特有の機械的感覚が完全に消え去り、英語を使うことが肌感覚にまでなってしまっているレベル6を思い焦れる層です。

　本書でご案内するのはこのレベル5までです。私自身が到達し得たのは、ここまでですから致し方のないところです。しかし、いずれその先の地点を目指すにしろこのレベルは通らなければならない地点ですし、実際のところ、ほとんどの学習者にとって最終ゴールとしてもいい満足のいくレベルだと思います。

2 英語力の構造

　一定の年齢になってから、学習と訓練により英語を身につける場合、英語を自由に使用するための基盤となる力があり、私はこれを「**基底能力**」と呼んでいます。この基底能力は文法・構文や語彙の「知識」とその知識を円滑に活動させるための「回路」の2つの側面があります。

　日本人は中学・高校だけでも6年も英語を勉強するから、英語の潜在能力はかなり高いという主張があります。しかし、一般に学校教育や受験勉強では知識の蓄積だけを行い英語の使用回路の開発は行いません。英語を得意科目にして難関といわれる大学に受かった大学生でも、簡単な中学程度の英作文が瞬間的に口をついて出てこなかったり、大量の英文を迅速に読みこなせないのはこのためです。知識がいくらあっても、そのままでは英語の駆使能力との間には非常に大きな距離があるのです。確かに潜在能力はあるにはあるのですが、潜在しすぎて一生日の目を見ることなく化石化していくのがほとんどです。

　私が言う基底能力とは使用能力と直結したもので、点火するだけで爆発する火薬のようなものです。ちょっと物騒な例えになりましたから他の比喩を使うと、十分なトレーニングを積み、後は実戦で経験を積むのみというボクサー、あるいは、何年も練習をして、コンサートデビューを待つピアニストといったところでしょうか。

　具体的には瞬間的に口頭で英作文ができる、英語を聴いて理解できる、日本語に訳さずに英語の語順のまま、英文が速読できるというような能力です。基底能力の高さは、速くて正確な読みとリスニング能力にもっともはっきりと現れます。ですから基底能力の高さはTOEICやTOEFLのスコアと比例します。つまりこれらのテストは

基底能力を測定するものなのです。

　ある人がどれだけの英語を使えるようになるかは、その人の基底能力に決定されます。AさんとBさんという人がいるとしましょう。Aさんはインプット中心の英語の基礎トレーニングを熱心に積み、高い基底能力を持っていてTOEICのスコアも800台後半。しかし英語を実際に使う機会がほとんどありません。Bさんは学習的なことは嫌いで、実践英会話専門。TOEICスコアは500前後ですが、限られた語彙・表現とかなり怪しげな文法で、しかしかなり有効な英語によるコミュニケーションが取れます。

　今現在の2人の英語を比べると、駆使能力はBさんのほうが高いでしょう。初心者が2人の英語を聴き比べると、断然Bさんの方が、英語力があると思うでしょう。しかし、この2人が全く同じ情況のもと英語圏で1年過ごすとどうなるでしょうか？1年後、Aさんの英語駆使能力はBさんのそれを大きく上回っているでしょう。この差は2人の持っている基底能力によってついたのです。大人に近い年齢に達した後、英語圏で数年暮らしただけでは、「砂が水を吸収するように」は高度な英語力はつきません。

　言語をらくらくと吸収する幼少期を過ぎてからは、数年という比較的短いタイムスパンでの上達の程度はその人がもともと持っている持ち駒、つまり基礎力に相当部分決定されます。基礎力のまったくない状態で英語圏に行っても、1～2年という短期ではブロークン英語に毛が生えた程度の英語しか身につかないのはよくあることです。

　この点では学生時代英語を勉強していた人だと話が違ってきます。先ほどは、学校・受験英語で培う英語力が潜在しすぎていることを指摘しましたが、英語圏での生活という環境がこの潜在能力を引き出してくれます。学校英語で学んだ知識が日常的に英語を使わざるを得な

い環境の中で、緩やかに使用能力へと変質し、数年のうちに、その人の持っていた基礎力に相応の英語が操れるようになります。ただ問題は、この変化が緩やかに起こるので滞在期間が1年程度だと、ようやく英語を使え始めた頃に帰国しなければならないことです。

　知識がすぐ使える「回路」を既に備えている人なら、短期で英語の駆使能力が著しく上達していきます。英語を聴いて理解し、瞬時に英語のセンテンスを口から出すことが可能なので、初めから英語のコミュニケーションを取ることができるからです。後は場数を踏むにつれ、実際に英語を話す際のスピードや間や空気に慣れて行き、どんどん英語を自然に使えるようになってきます。「本場で英語のシャワーを浴びれば、みるみるうちに英語が話せるようになる！」という宣伝文句は、実はこのような基底能力を備えた人だけに当てはまるのです。

3 上達する学習法のポイントとは？

外国語としての英語力のこのような構造を踏まえると、私は次のような手順で学習するのがもっとも効率的だと思います。

① 文法・構文・語彙などを知識として学ぶ。
② 学んだ知識を使うための回路を作るトレーニングをする。
③ 可能な限り英語を使う場を作り、①、②で培った**基底能力**を駆使能力に変えていく。

①の知識の蓄積はいわゆる「英語の勉強」で、中学・高校の授業や塾で行われているはずです。「はずです」と言ったのは、私自身の指導経験では、学校教育を終えた社会人や現役の学生で、習ったはずのこの基礎知識が身についている人は少数だからです。発音記号も読めず完全なカタカナ、ローマ字発音。高校生なのに高校のリーダー・テキストが読めないどころか、実は中学の教科書が自力では読めない。英作文になるともう中学１年レベルで構文がぐちゃぐちゃの英文しか作れない、というのが平均的日本人のレベルの実情です。

学校・受験英語をしっかりとした勉強をして通じる発音・スピードには欠けるが、正確な読み・基本的英作文ができるという人たちもいます。この人たちはせっかく英語を勉強してきたのに使い物にならないという落胆を最も強く、そして正当に感じている層かもしれません。しかしがっかりすることはありません。やってきた努力は徒労だったわけではありません。英語学習の次の段階、つまり知識を使うための「回路」の敷設が欠けていただけだからです。学校英語、特に

第1章　英語習得の戦略

大学受験英語は問題点を指摘されることが多いのですが、結論からいえば、知識としてはかなりの高レベルにあります。したがって、そこまでの知識がある人は、①の知識の獲得のステップを飛ばし、使用回路を作るだけでかなりの英語が使えるようになります。

　②は英語回路の設置。これは学校教育ではまったく空白になっている部分です。しかし使える英語を身につけるためには、決定的な役割を果たすステップです。この回路がないとせっかくの知識が宝の持ち腐れとなってしまいます。たとえば、次のような中学レベルの英作文の問題を例にあげましょう。

＊数年間一生懸命勉強しているその少女はその試験に受かるでしょう。
＊どちらの本も面白そうなので、彼はどっちを買ったらよいかわからない。
＊彼はお母さんに、友人たちと映画に行かせてくれるように頼んだ。

　どちらも中学英語の範囲内ですから、①の知識の学習ができている人なら、

＊The girl who has been studying hard for a few years will pass the exam.
＊As both books look interesting, he doesn't know which to buy.
＊He asked his mother to let him go to the movies with his friends.

というような英文を作ること自体はなんでもないでしょう（もしできないなら必要最低限の知識を得るところから始めましょう）。問題はスピードとスムーズさです。英語回路の設置ができていないと、あれこれと考え、パズルを解くような作業になってしまいます。（え〜と。「数年間一生懸命勉強している女の子」が主部だから、主格の関係代名詞を使って、the girl who…と来て数年間、と継続性があるから現在完了を使って have been studying…いや 3 人称単数だから has been だ。）というように 1 つの文を作るのに 1 分近くかかってしまいます。回路さえできていれば、ほぼ瞬間的に英文が口をついてでてきます。

　英語回路とは要するに英語を言語として瞬時に処理する能力です。これは反射的に英作文すること＝英語を話すことに使われるのではなく、英語を聴いて理解したり（リスニング）、日本語に訳さずスピーディーに英文を読む（速読）上でも絶対に必要な能力です。

　実用のための英語の効率的学習とは①で知識の枠をどんどん広げつつ②のステップで速やかに回路化していくという鬼ごっこのような作業です。理想はもちろん大きな知識の枠があり、それが 100 パーセント回路化しているということですが、これはなかなか実現困難です。2 つのモデルケースで説明してみましょう。
　Ａさんは学校時代英語が得意で、大学受験でも英語がポイントゲッターで偏差値も 70 を越えていました。しかし、英字新聞などをゆっくり読むことができますが、会話は苦手で簡単な英語をしゃべるのも四苦八苦という状態。これは大きな知識の枠を持ちながら、それがほとんど回路化されていない典型例です。

Bさんは、英語の勉強は大嫌いで文法的に自信が持てるのは中学2年程度まで、難しい単語もあまり知りません。でも習うより慣れろ、の実践派で、どんどん外国人の友達を作りかなり有効なコミュニケーションを取ることができます。しかし、話題が堅かったり複雑な内容だととたんにわからなくなります。読むほうは知らない単語が多すぎてからっきしだめ。これは知識の枠が小さすぎるものの、それが効率よく回路化されている例です

　2つの例は対照的な問題を抱えた極端な例ですが、現実にこういうケースが良く見られるものです。2例とも、自分の問題を解消するための方法や姿勢が欠如しているわけですが、やる気があり、体系的な方法を知りさえすれば、知識の枠を広げつつ、それを効率的に回路化していくこと、即ち基底能力を高めていくことはそれほど難しいことではありません。

　③のステップでは①、②で培った基底能力を活性化し駆使能力へと仕上げていきます。要するに英語を使う場に積極的に入っていく、あるいは自分で作るということです。これは努力すれば、日本にいてもいくらでも実現可能です。例えば、ネイティブ・スピーカーから会話レッスンを受ける、外国人の友達を作る、ESSのようなサークルに参加するなどです。

　①〜③のステップを具体的にどのように行うかは、次章「英語トレーニング法」で詳しく説明します。

4 英語テスト・特に TOEIC について

1 客観的尺度としてのテストの意義

 英語が身についたかどうかは自分の実感が決めるものです。最終的には自らの英語力に対する自分の満足感がすべてです。櫛の歯を挽くごとく現れる各種英語テストに対する私の態度はかなり冷めたものです。と、同時に私は英語を学習する人に信頼に足りうるテストを受けることをお勧めします。

 私のアドバイスは矛盾したように聞こえるかもしれませんが、それなりに筋の通ったものだと考えています。確かに英語の上達は、最終的には学習者自らの実感が判断するのですが、この実感というのが、個人差が甚だしい代物だからです。

 まず、望みが高すぎる人たちがいます。私などは典型的にこのグループに属します。本格的に英語学習を始めた時、私はネイティブ・レベルに達することを目標にしました。母語である日本語とほぼ同程度に英語が使いこなせるようになるものと考えていたのです。cry for the moon というやつですね。そんなレベルを目指していましたから、いくら学習・トレーニングを積んでも不全感を感じ、フラストレーションが溜まるだけでした。「なんだよ、英語ひとつモノにならねーじゃないか。俺って、こんなに無能な人間だったのか？」と自己否定的な気分になっていたときに、TOEFL を受験する機会を得まし

第1章 英語習得の戦略

た。英語学習を始めて数年を経たときでした。返って来た結果は600を越えたスコア。610か20でした。客観的に見れば、かなり高度な英語力だということはわかりました。学習を開始した時点で受験していれば、おそらく400点ちょっとしか取れなかったでしょう。

　私の英語力は大きく伸びていたのです。TOEIC換算で400台から900台に匹敵する伸び幅でしょう。しかし、自分の英語力を母語の日本語能力と比較していた私は、上達した実感が持てなかったのです。幸運だったのは、私が生来脳天気な性格の持ち主だったことです。進歩が実感できなくても、それほど鬱々とした気分にはなりませんでした。「ま、いいかー。ペーパーバック読むのは楽しいし、天気もいいことだし、きょうも英語やっかー」という具合に英語の学習を続けていたからです。しかし、真面目で繊細な人なら、上達が実感できないことでモチベーションを失い、途中で英語の学習を投げ出していたかもしれません。

　こういう際に、テストで自分の英語力に客観的な物差しを当てることが非常に役立ちます。たとえ満足感が得られなくても、テストのスコアが進歩を示してくれるからです。旅の目的地がいかに遠くても、道しるべが10キロ、100キロと歩いた距離を示してくれるように。

　一方で、自己評価が極端に甘い人たちがいます。会社からTOEIC600以上のスコアを義務付けられて、私のもとを訪れたある30歳代の男性は、このタイプの典型でした。彼によると、英語力には自信があるのに、TOEICでは何回受けても400点台しか取れないということでした。通っている英会話学校ではスムーズに会話をしているし、頻繁に行く海外出張の際にも、仕事でもオフでも困らないというのです。

　ためしに英語で話してみると、案の定、すさまじい自己流英語で

す。構文は破綻しているし、単語も勝手な使い方をします。言っていることを理解するのにこちらはうんと推測をしなければなりません。英会話学校ではお客さんですし、妙な英語を話しても生徒が複数いるクラスでいちいち直していてはレッスンが進みませんから調子を合わせているのでしょう。海外出張の件も、仕事の英語というのは、目的がはっきりしていますから通じやすいものです。オフの買い物などで使う英語は単純なものだし、店員が買い物客に品物を売るためになんとかコミュニケーションを図ろうとするのは当然です。彼は困らないのかもしれませんが、周りが大いに困っているのは確実でした。

　私は彼に、基本構文、文法などをやり直すことを勧めました。彼は気乗りしないようでしたが、TOEICのスコアが、脆弱な英語力を冷然と突きつけていますからしぶしぶと学習を始めました。しかし、もともと大学受験までの基礎もあり、中学テキストの**音読パッケージ**、**短文暗唱＝瞬間英作文**をしばらく続けたところ、ほどなく目標の600点を突破し、同時に構文・文法なども安定してシュール・レアリスティックな英語からも脱皮しました。

　このように、基本がぐらついていながら自分では気づかない時にTOEICを始めとする英語テストを受験してみることは、なんとなく通じている英語を見直し、弱点を補強し、学習の軌道修正をする機会にもなります。

テストはあくまで英語力を測る物差し

2 TOEIC

各種ある英語テストの中で、英語力を測る精度と使い勝手の良さで、私はTOEICをお勧めします。それは、次のような理由からです。

① 基礎レベルの完成までの英語力を測る物差しとして優れている

TOEICは、非常に合理的に作られたテストで実に正確に学習者の英語のレベルを判定してくれます。「TOEICなんぞで英語力がわかるか」と異論を唱える向きもありますが、一定のレベルまでの英語力を測るための物差しとしては最も信頼に足り、利用しやすいテストだと思います。TOEIC懐疑論者がよく言うのが、「ファックスメッセージや広告文のような皮相で簡単な英語ばかりで、骨格のしっかりした、品格ある英語が学べないではないか」といった類のことです。これは、視点がずれています。TOEICは学習の対象や目的ではなく、物差しに過ぎないのですから。私自身、TOEICの問題内容そのものが、「学習者がすべからくモデルとするべき珠玉の英語を集めたもので、鑑賞、研究に値し、教材として活用するもの」などとは考えていません。

実際私は、TOEIC、TOEFLを始めとして、英語テストのための特別の勉強をしたことは一度もないし、生徒を指導する上でもそういうことはしません。受験が近づいたら、チューンナップのために自宅で模擬試験を1回くらいやることを勧めるだけです。物差しに作品的高級さを求める人はいないでしょう。寸法さえきちんと測れればいいのですから。

しかし、物差しとしては、TOEICはかなり信頼に足るものです。

まず、一定の教育を受けたネイティブ・スピーカーが受けると必ず900台半ば以降の高得点が出ます。大学受験の問題などにはネイティブ・スピーカーが首をひねるものが散見されます。これは、日本で発達した受験英語があまりに高踏的で、教養劣るネイティブ・スピーカーには手に負えないほどの高みに達したということではないでしょう。本来の生きた英語を離れ、いびつに変形してしまったか、単に出題者がヘボなだけです。TOEICは、大量の易しい英語を迅速に処理するという問題形式ですから、確かにレベルの高い英語を求める人には物足りないでしょうが、英語の使用能力を測るには有効な形式だと思います。

また、TOEICは対策がほとんど効かず、英語力が変わらない限り、ほぼ同程度のスコアしかでません。私のもとに相談に来る人たちの中にも、さまざまなTOEIC対策本や、専門校の「TOEICスコアアップ短期コース」のようなものを試した人がかなりいますが、ほとんど効果はないようです。効果があるのはTOEICの試験形式や問題に対する基本的な対処法を初めて知る初期の間だけで、その後は英語力を底上げしない限りスコアはピタリと止まってしまいます。こうした冷厳さが、かえって尺度としての信頼性になるのだと思います。

もう一つは、TOEICを作成しているETSが、統計・数学的技術を駆使して、どの回を受験してもスコアに不公平がないように配慮していることです。この点、日本国内の代表的英語テストの英検では、年々試験形式・難度が変わり、例えば同じ1級合格者でも、英検誕生期と現在では合格に求められるレベルがまったく異なっています。実用的英語力の正確な尺度が欲しい実業界などが、その役目を一元的にTOEICに担わせつつある趨勢もある程度理解できます。

このような理由から、本書では英語のレベルを表すために、TOEIC

何点レベルという表現を使いますが、単にものごとを客観化・明確化するためで、TOEICを目的化・神格化するつもりは毛頭ありません。英語力を上級やら中級やらと表現するよりはるかにあてになるからにすぎません。気温を表すのに、「暑い、寒い」という主観に頼るより、「摂氏〜度」と言ったほうが正確であるのと同じことです。

② 測定範囲が広く、目盛りが細かく学習者向き

　TOEICは、英語力を5点刻みのスコアで表しますが、おかげで自分のその時点での英語力が非常に把握しやすくなります。多くの英語検定は合格・不合格という形式なので、英語力のこまかな判定が困難です。

　TOEICのこの形式はETSが作成する兄貴格のTOEFLも同様です。しかし、TOEFLは、北米など英語圏において、大学の学部・大学院で勉強できるか否かを判定する目的で作られたため、主に比較的高い英語力を持つ層を受験者として想定しています。そのため、TOEFLのスコアが正確なのは主に500点以上の範囲で、400点台以下のスコアは有為なものではないということです。TOEFL500点はTOEICで600点くらいにあたり、一般的日本人の場合、英語力が最も高まる大学受験期でさえ、大多数はこのレベルには達しません。つまり、TOEFLは日本人の大半を占める中級以下の学習者の英語力を測定するには不向きなのです。

　その点、TOEICは日本人向けにデザインされたテストなので、初級から上級までの広い範囲を5点刻みで正確に測定してくれます。TOEICの出現は、自分の英語力の正確な尺度を求める日本人学習者にとり、まさに福音だったと言えます。

　また、990点満点のため英語力の伸びがイメージしやすくなって

います。TOEFLの場合670点あたりが満点とされていたため、小さな伸びがわかりにくいのです。例えば、TOEFL550点と600点は、50点の差しかありませんが、実際には英語力に大きな開きがあります。TOIEC換算で、700点くらいと900点くらいの差が存在します。これは、中級レベルの学習者と外国語としての学習の、一応のゴールに達した人の力量差に匹敵します。最近のコンピュータ化されたTOEFLは300点満点ですから、目盛りはさらに粗くなってしまいました。

③ **頻繁に実施されて、受験しやすい**

TOEICは現在年間7～8回の定期公開テストが実施され、手続きも簡素で、非常に受験しやすいテストです。年に1回しか受験できない大学入試や国家試験と違い本当に気軽に受けられるテストです。定期的に受け、学習のペースメーカーにするにはうってつけです。

第1章 英語習得の戦略

3 テストを目的とした学習をしない

　英語の上達の尺度として TOEIC をはじめてとするテストを定期的に受けることは勧めますが、テストを学習そのものの目的にするべきではありません。私自身は TOEIC や TOEFL 用の勉強を全くしたことがありません。TOEIC の受験前にテスト形式になれるために、市販の模擬試験を一度やっただけです。

　英語の学習と称してひたすらテスト問題集を解いている人がいますが、本当に英語力をつけたければ、すぐさま学習スタイルを変えるべきです。こうした学習スタイルの背景には次のような誤解があるのでしょう。「TOEIC は英語力の証明である→だから TOEIC 教材で能率的に勉強する→TOEIC のスコアアップ＝英語力アップ」ところが、実際にはまずこういう絵図通りにことは運ばないのです。英語力というのは大量の英語を処理する過程ではじめて培われるものです。問題集をかりかりと声も出さずに解くだけでは、たとえ何冊仕上げようと骨格のしっかりした英語力が養われるはずもないし、受験するテストがよくできたものなら、スコアも上がらず、合格もしないはずです。

　数ある英語検定の中でも、TOEIC はこの点に関して非常に良くデザインされていて、いわゆる「傾向と対策」的対処法ではスコアが上がらないのです。出版はビジネスですから TOEIC の名を冠して、「短期で大幅スコアアップ」というような売り文句で続々と本を出します。

　そして、それを使う学習者も多いものです。しかし、そうした人のうちの多くは、そんな教材は投げ捨て、むしろ中学校の英語テキストを音読すべきなのです。そして、その方が英語力を底上げし、TOEIC

のスコアも確実に上がるものなのです。

　私の主宰する教室では、TOEICのスコアを上げることを当面の目標にする人に対しても、ほとんどTOEIC用の教材は用いません。これを最初怪訝に思う人もいます。それに対しては、「英語力が上がれば自然とスコアも上がりますから、英語力をつける学習・トレーニングをしましょう」と答えるだけです。続けていれば必ず英語力が向上し、当然ながらTOEICのスコアも上がっていくので、徐々に理解してくれます。もちろん、早々に教室を去る人たちもいますが、それに対してはいたしかたありません。

　英語力そのものを上げずにTOEICスコアを上げる方法はないと思います。少なくとも私は知らないし、今後もそうした方法を研究することはないでしょう。仮にそうした方法があったとしても、何になるのでしょうか？伸ばしたいのは英語力なのではないでしょうか？「いや、会社にスコアを上げるように言われただけなんだ」という人もあるかもしれませんが、あるスコアを取ればそれに相応しい英語力を求められるのは自明のことでしょう。

　英語は1つの言葉です。我々は言葉を通じて、他の人と友人になり、愛を囁き、議論します。言葉を通じて、新聞・雑誌・インターネットなどで時々刻々変わる世界についての情報を得ます。本を開けば、言葉を通じて、いながらにして物語の世界に遊ぶことができます。このような豊かな世界が、薄っぺらな問題集の中に閉じ込められるはずはないと思いませんか？

4 TOEICの限界

TOEICは、テストとして非常によくできていますが、テストというものの限界から自由ではありません。そのことを頭に入れておくと、より客観的に、有効にTOEICを使うことができます。ここでは、2点を挙げておきます。

① 英語を話す力を直接測れない

TOEICはリスニング・セクションとリーディング・セクションで成り立つテストですから、受験者の英語を話す能力を直接測ることができません。その背景にあるのは、通常英語力は、ある側面だけが突出することはないので、リスニング力、リーディング力を測れば、スピーキングの能力も間接的に測ることができるという考えで、これはかなりの程度真実です。しかし、あくまでも間接測定ですので、実際には、TOEICの高得点者であるにもかかわらず、会話力は必ずしも高くない人がいます。

実際のところ、TOEICが最も正確に測定するのは、英語の「**基底能力**」なのです。基底能力とは私の造語ですが、英語を駆使するための土台となる力のことです。一般によく使われる「基礎力」や「基礎知識」などとは違います。例えば、中学・高校である程度しっかりと英語を勉強して来た学生は英語の「基礎知識」がありますし、辞書を引きながら、ゆっくりながら英字新聞などを正確に読める人の「基礎力」はかなり高いと言えるでしょう。しかし、これらの段階では、「基底能力」が高いとは言えないのです。「基底能力」とは単に知識にとどまらず、英語を瞬間的に処理できる能力で、後はわずかな刺激を与えるだけで英語の駆使能力に転換できる力のことです。「基底能力」

は、英語を聴いて理解することや、英語を日本語に直すことなく、英語の語順のままでかつ迅速に読む、いわゆる「速読力」に直接反映されます。

　「基底能力」が高い人の中で、表れ方が唯一ばらつきがちなのがスピーキング能力です。日本にいながら、学習・訓練で英語の「基底能力」を高めることに成功する人は例外なく大量のインプットを行います。その過程でアウトプットが極端に少なくなるケースがあり、その場合、「基底能力」が高いにもかかわらず、スピーキング力が伴わないということも起こり得ます。つまり、「TOEIC高得点だから英語の駆使能力が高い」という公式は必ずしも成り立ちませんが、「英語の駆使能力が高いからTOEICは高得点」という公式は成り立ちます。例えば、プロの同時通訳で普通のコンディションでTOEICを受験して、900点半ば以降のスコアが取れない人はまずいないでしょう。

　高い英語力を求める学習者は迷わず、「基底能力」を高めることを重視して下さい。「基底能力」がさほど高くない（TOEIC400〜600程度）にもかかわらず、その稼働率が高くコミュニケーション能力にも優れ、かなりスムーズに英語のやりとりができる人たちがいます。一方で、TOEICで900近いスコアを上げ、英語の読書などを楽しみながら、アウトプットをほとんどやらず会話は苦手という人もいます。しかし、同期間の英語圏での生活、同程度の英語への接触を仮定すると、その後では、スピーキング力も、流暢さ、有効性、品格等すべての点で「基底能力」の高い後者のグループが凌駕しているでしょう。後者のグループの、眠っていた高い「基底能力」は急速に顕在化し、高い「駆使能力」に変わっていくのに対し、前者の「基底能力」はすでに稼動され切っていて伸びしろはないからです。前者が英語の

駆使能力を高めるには、構文・文法の学習、語彙の増強、読書などのインプットをする必要がありますが、残念ながら、このグループの人たちは、会話などアウトプットは好きなのですが、読書などの地味なインプットを厭う傾向があり、低いレベルで英語力が伸び止まることが多いものです。

② 非常に高い英語力の測定ができない

　TOEICは英語力をかなり正確に測定してくれるテストですが、測定できる範囲には限界があります。高いレベルの英語力に対する測定精度が落ち、ある地点から先の英語力はまったく測れなくなります。

　TOEICは大量の簡単な英語を短時間で処理する能力で英語力を測る形式のテストです。しかし、一定以上の英語力を有する人にとって、実は「大量」でも「短時間」でもないのです。たやすく900台半ば以降のスコアを上げる人は、たいていかなり（20～30分程度）テストの持ち時間が余るのです。そうすると、もともと問題は簡単ですから、このレベルの人の間で差がつくのは、テストに対するモチベーション、集中力の有無という性格的・気質的なもの、文法・語法の微細な部分に関する知識の差、というような本質的な英語力以外の要因によることが多いのです。

　ある調査によると、複数の大学卒のネイティブ・スピーカーにTOEICを受験させたところ得点分布は930～960点だったそうです。しかし、ネイティブ・スピーカーが今さらTOEICのようなテストを受けることに高いモチベーションを持つとは思えません。気乗りもせずに受けて気がそぞろになり、いくつかのケアレス・ミスを犯したというのがこの結果を生んだのだと考えられます。ですから、960点以上のスコアを上げた日本人学習者がこの調査に参加したネイティ

ブ・スピーカーより高い英語力を持つという結論には結びつきません。私自身は、'97年に受験したTOEICでは、985点でしたが、ネイティブ・スピーカーを凌駕する英語力を持っているなどとは口が裂けても言えません。

また、TOEICのスコアは990点という上限があるため、高い英語力を持つ学習者間の力量差を示すこともできません。実際にはかなり力量の差がありながら、スコア上は同列になってしまうということが起こり得ます。

とは言え、900過ぎ位まではTOEICの英語力（厳密には基底能力）の測定精度は十分に信頼に足り得るものですから、そのレベル以前の学習者は物差しとして大いに活用すべきです。ただ、900点台の半ば近くになった時点では、それ以降の英語力の伸びに対する尺度をTOEICに求めないことです。英語の達人を目指して情熱を燃やす高レベルの学習者の中には、TOEICの満点近くに達人レベルに達する臨界点があると考えている人もあるようですが、求めるものはそこにはありません。永らく学習期における道しるべになってくれたTOEICに別れを告げ、新たな、そして究極の尺度を使う時です。このレベルに達した学習者の、最後の尺度は、自分の満足感、実感にほかなりません。

第2章
英語トレーニング法

この章では、効率的に英語を身につけるためのトレーニングを詳しく紹介します。第1章の「**英語力を解剖する**」で述べたように、英語を自在に使いこなすためには、着火するだけで爆発する状態になっている**基底能力**を伸ばすことが必要です。ここで紹介するトレーニング法は主にこの基底能力を限りなく伸ばすことを目的としています。基礎完成（TOEIC900前後）までに行う全トレーニングを視覚的に示したのが次の図です。

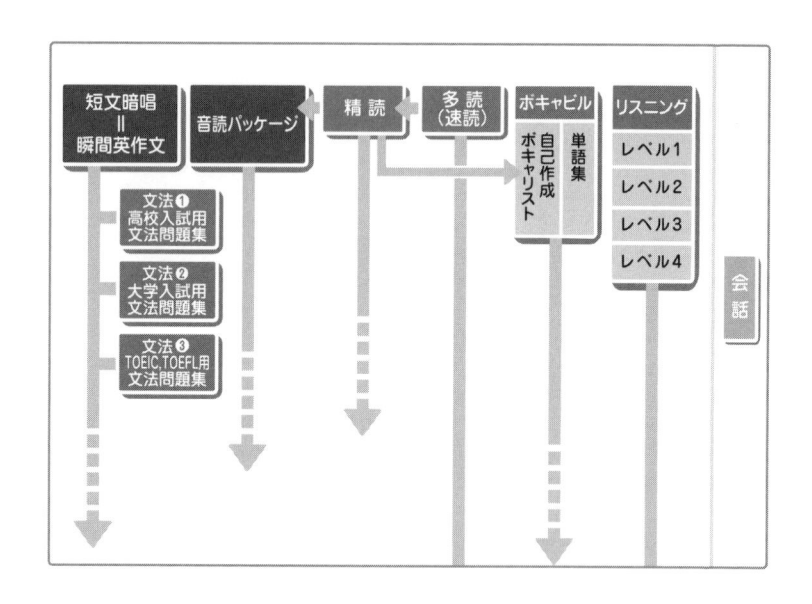

```
┌─────────────────────────────────────────────────────────┐
│ 短文暗唱    音読パッケージ   精読   多読    ボキャビル   リスニング │
│   ＝                              (速読)  自己作成 単語集          │
│ 瞬間英作文                              ボキャリスト              │
│                                                                   │
│    ↓                                                   レベル1    │
│  文法❶                                                           │
│  高校入試用                                              レベル2    │
│  文法問題集                                                       │
│                                                          レベル3    │
│    ↓                                                              │
│  文法❷                                                  レベル4    │
│  大学入試用                                                      会 │
│  文法問題集                                                      話 │
│                                                                   │
│    ↓                                                              │
│  文法❸                                                            │
│ TOEIC,TOEFL用                                                     │
│  文法問題集                                                       │
│                                                                   │
│    ↓            ↓          ↓              ↓                      │
└─────────────────────────────────────────────────────────┘
```

　全体的な解説してみましょう。**音読パッケージと短文暗唱＝瞬間英作文**は学校・受験英語で完全に欠落している、知識を稼動させ実際に英語を使うためのトレーニングです。「知っていること」を「できること」にするために欠かすことのできないものです。ある程度の基礎知識がある人ならこの2つのトレーニングを実践し始めてまもなく

急激に英語力が伸びるでしょう。学習初期から中期においてはこの2つのトレーニングが英語学習の2本柱となります。

文法は外国語として英語を身につけるためには実に頼りになる存在です。しかし、従来の問題解きや重箱の隅をつつくような知識の収集に終始する学習は忘れ去りましょう。英語を使いこなすための「運用文法」を習得することが大切です。そのため本書の文法学習は短文暗唱＝瞬間英作文のラインに組み込まれています。

読解トレーニングは**精読と多読（速読）**に分かれます。しかし、生きた英語学習の道筋で2つの読みは正確でかつ迅速な「**精速読**」という次元で融合します。

ある程度の基礎力がついてきたら語彙の増大が英語力向上の歩みを加速してくれます。ゴリゴリ暗記による一過性の単語記憶を卒業して、永続的で実用性に富む語彙力を獲得するための**語彙増強＝ボキャビル**トレーニングを知ってください。

リスニングは無茶・無駄な学習をしている人が多い分野です。理解の伴わない聞き散らかすだけの方法に終止符を打ち、限りないリスニング素材から本当の栄養を摂取しましょう。

会話は上に挙げたトレーニングで基底能力を高めてこそ上達を望めます。英語を話すことは、培った基礎力を発現させる場に他ならないからです。会話をトレーニングの枠外に置いたのはそのためです。基底能力を高めさえすれば、会話は場数を踏むことで自然に上達します。したがって、会話に関しては軽いアドバイス程度にとどめます。

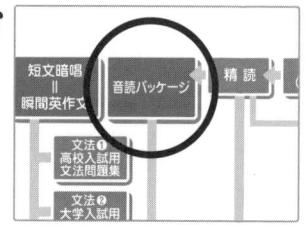

1 音読パッケージ

1 音読の効果

　音読パッケージは、音読を他の2つの「音読系」トレーニングでサンドイッチして最大の効率と効果を図る方法です。そのトレーニング名が示すように、軸になるのは音読です。では、なぜ音読は効果があるのでしょうか？英語上達の秘訣は、端的に言えば、「**文構造・意味が理解できる文を何度も肉体的に出し入れすること**」です。音読はこれを効果的に行える方法なのです。音読の効用については、最近では脳の言語野であるウェルニッケ中枢を刺激するなど大脳生理学的な裏付けもあるようです。門外漢の私には理論的なことはよくわかりませんが、自分の体験、生徒の指導経験から、音読は英語力を上げる上で決定的な効果を持つと確言することができます。

　では、音読で向上するのは英語能力のどういう面なのでしょうか？結論から言うと、あらゆる面に効果があります。英文を理解しながら繰り返し自分の口から発して行く作業は、英語を、英語の語順で直接・瞬間的に受け入れる体質を養成し、リスニング力も含め英語の基底能力を総合的に高めてくれます。

2 音読パッケージとは

1●効果・効率抜群の音読パッケージ

　非常に効果が高い音読ですが、同じ英文を何十回も繰り返し読み上げることを基本にするのでトレーニングに伴う単調さは否めません。そこで、音読を他の2つの音読系トレーニング、すなわち**リピーティングとシャドーイング**で挟み込むことにより、トレーニングに変化をつけるのです。これは、音読だけを行う単調さを軽減してくれるだけでなく、違う刺激を与えることにより英語力を異なる角度から強化します。

　「リピーティング」と「シャドーイング」は通訳養成学校でも行われる基礎的トレーニングです。この2つのトレーニング法はリスニング強化法として取り扱われることが多いので、私が「音読系トレーニング」と呼ぶことに疑問を持たれる方もいるかもしれません。しかし、2つのトレーニングは音読の重要な要素を備えています。**構造、意味のわかっている英文を自分の口から発する**ということです。

　音読が目から英文を入れ、理解して口から発するのに対し、「リ

ピーティング」と「シャドーイング」は、耳を通じて英文を理解し、それからその英文を繰り返します。したがって、英語を自分の口から発するというポイントを押さえながら、聴き取り能力を向上させます。**音読パッケージを行えば、リスニングトレーニングのために独立して多くの時間を取る必要がありません。**初心者から中級の入り口（TOEIC600くらい）までは、ほぼ音読パッケージだけでいいでしょう。限られた時間にあれもこれもやろうとして、時間と学習効果をいたずらに分散してしまう悩みは一挙に解決できます。かなりのレベル（TOEIC800前後）に達するまで、限られた分量の教材を丹念に音読パッケージで消化することを中心にして、独立したリスニングは補強程度にやる程度で結構です。

　音読パッケージの核である音読は文構造、意味をしっかり把握しながら声を出して読み上げるという単純明快な作業ですから、特に手順上の不明点はないと思います。それでは、音読パッケージのもう2つの要素、リピーティングとシャドーイングについて、よくご存知でない方のために解説しましょう。

2●リピーティング

　リピーティングはリテンション（保持）とも呼ばれます。聴いて理解した英語を、そのまま繰り返します。トレーニングとしてリピーティングを行う際は、英文の間にポーズ（休止）が小刻みに入ったテープを使用します。まず、モデルの英語が1センテンス、あるいは1フレーズ流れ、それを聴き取り理解し、ポーズの間にそのまま繰り返します。次ページの図のように行うわけですね。

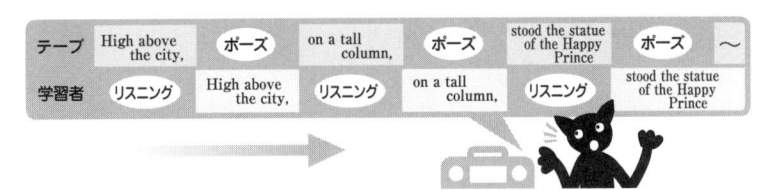

テープ	High above the city,	ポーズ	on a tall column,	ポーズ	stood the statue of the Happy Prince	ポーズ	〜
学習者	リスニング	High above the city,	リスニング	on a tall column,	リスニング	stood the statue of the Happy Prince	

聴いて理解した英語のフレーズをポーズの間に繰り返す時、**一言一句正確にリピート**してください。例えば、He was gilded all over with thin leaves of fine gold の後に he was covered all over with fine gold と語句を落としたり、変えたりすると、正確なリピーティングではありません。

完全なリスニング能力とは、何を聴いても完璧なリピーティングができることです。われわれは母国語である日本語では完璧なリピーティングができます。もちろん長い文を一気に読み上げられて、その後に繰り返せと言われれば大意をまとめることになるでしょう。しかし、文を小刻みに切ってもらえれば、その後にリピーティングすることは、正常な国語力を持つ日本人にとっては難しいことではありません。

ところがこれが英語になると途端に怪しくなります。こうしたフレーズごとのリピーティングができないリスニングは、実は英文を完璧に聴き取り理解しているわけではなく、話の流れや、聞き取れたフレーズや単語によって意味を推し量る**推測聴き**をしているのです。推測聴き自体は必ずしも否定されるべきものではありません。外国語の聴き取り能力が母語並になることは至難ですから、常に発展途上にある我々は話の難度や内容によっては推測聴きに頼らざるを得ません。しかし、トレーニングとして行う場合は正確なリピーティングを心がけてください。

3●シャドーイング

　シャドーイングは、リピーティングとは異なり、ポーズのない英語の後を聴きながら少し遅れて同じ英文を繰り返すトレーニングです。オリジナルの英語に影（shadow）のように従いついていくことからこの名があります。発音・イントネーションを磨くとともに英語に対する反射神経を養ってくれますが、非常に集中力を要しますので、通訳養成学校でも一度に行うのは 10 分前後のようです。

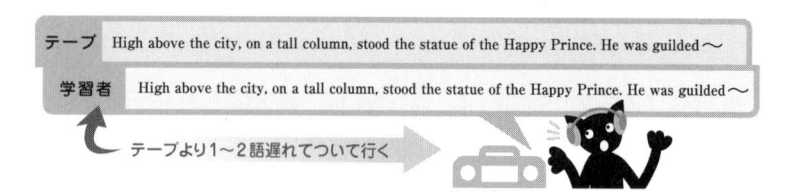

テープ	High above the city, on a tall column, stood the statue of the Happy Prince. He was guilded〜
学習者	High above the city, on a tall column, stood the statue of the Happy Prince. He was guilded〜

　　テープより1〜2語遅れてついて行く

　シャドーイングを行う際は、自分の声でモデルの声がかき消されないようにヘッドホンを使う必要があります。注意点をいくつか挙げましょう。モデルの音声についていこうとして、単語の脱落や間違いが起こり、自分でそのことに気づかないということがよくあります。また、急ぐあまりイントネーションや区切りがめちゃくちゃになりがちです。また、何度も繰り返すと文を覚えてしまい、モデルの英文より先に文が終わったりすることもありますが、これでは音を聞いてから繰り返すという原則が守れていませんね。以上のような問題は、自分のシャドーイングを録音してみるとすぐに発見することができます。

3 音読パッケージの実際の手順

1●サイクル法

　同じテキストを何度もぐるぐると繰り返すことを、「サイクルを回す」あるいは「サイクル法」と言います。英語を知識にとどめておかず、使える技術にするためには、1回理解しただけではなく何回も同じことを反復することが絶対に必要です。学校で何年も英語をやり、かつ成績もよい人が英語を使いこなせないのは、この繰り返しが致命的に欠如しているからです。英語を深く内在化することを目的とするトレーニングはすべて反復作業を伴います。この「音読パッケージ」の他、短文暗唱＝瞬間英作文、ボキャビルなどがその代表格です。

　しかし、その繰り返し方にもやり方があります。例えば、100の短文があり、これを100回読めと言われた場合どうやるでしょうか？1つ1つの文を100回ずつ順に読んでいきますか？これは実に単調で、エネルギーを要し、かつ実りの少ない方法です。

　こうした場合サイクル法を使うのが最善の方法です。まずは全文を10回ずつ読んで最初のサイクルを終えます。そして、第2サイクルに入ります。それが終われば、第3サイクル、第4サイクルと繰り返し10サイクル回して合計回数を100回にするのです。100回という回数を分割して繰り返すことにより、単調さは大幅に軽減できるし、何より文を覚えるためであれ、文から構文・文法的エッセンスを吸収するためであれ、その成果が全く違います。「結局100回やらなければならないんじゃ同じことだよ」と落胆した方は数字の圧力に負けて食わず嫌いになっているのです。実際にトレーニングを始めてみれば、サイクル法がいかにスムーズで効率的であるか実感できるでしょう。

サイクル法でスムーズに学習

2●1 セッションの実際の手順

　音読パッケージでは1つのテキストをサイクル法で仕上げていきます。最初のサイクルの、1セッションの手順を解説してみます。テキストの英文はオスカー・ワイルドの「幸福の王子」の冒頭の一節です。

THE HAPPY PRINCE　　　　　　　　　　　　Oscar Wilde

High above the city,/on a tall column,/
stood the statue of the Happy Prince./
He was gilded all over /with thin leaves of fine gold./
For eyes /he had two bright sapphires,/
and a large red ruby glowed on his sword hilt./
He was very much admired indeed./
He is as beautiful as a weathercock,
remarked one of the Town Councillors/
who wished to gain a reputation/for having artistic tastes,/
only not quite so useful,
he added, lest people should think him unpractical,/
which he really was not.

準備

まず英文をしっかりと読み解いてください。訳を参考にしても構いませんが、日本語を見て「ああ、こんな意味か」といいかげんな読みですまさないでください。文構造を完全に把握して、意味、使い方が曖昧な単語は辞書を引いて確認してください。音読では英文を100パーセント理解していることが前提になります。

① テキストを見ながらのリピーティング─5回

テープの英文を聴き、ポーズ部分で同じ英文を繰り返していきます。この際、テープの英語の発音、イントネーションをできるだけそっくり真似てください。また、単なる音にならないように口から出す英語が頭の中で意味とイメージを結ぶように心がけます。

例えば、High above the city, on a tall column と言いながら、高い台座の上から町を見下ろす視点をイメージし、stood the statue of the Happy Prince とリピートしながら王子の像が立っている影像を頭に浮かべてください。

これを5回繰り返します。

② 音読─15回

次にテープを使わず、テキストの音読を行います。既に5回のリピーティングで、音声的な残像として耳に残っているモデルの英語の発音、イントネーションを忠実に再生するつもりで音読します。このステップは音読パッケージの核の部分なので、15回の音読の間にしっかりと英文を自分の中に落とし込んでください。

序盤の数回は、まだ音声面に気を取られ、英文構造、意味の把握が十分でないかもしれません。回数を繰り返すうちに文構造、意味を

徐々に自分のうちに落とし込み、15回の音読を終える時は完全に理解しながら実感を伴った読みが実現することを目指します。英文を暗記しようとする必要はありません。

　文構造、意味がすんなり入ってこない文、フレーズには特に注意を払います。頭で理解できても音読のような肉体的作業でスムーズに入ってこない部分は自分の弱点です。音読ですんなり入らないものはリスニングしても聴き取れないものです。こうした個所はペースを落とし、食べ物をよく咀嚼するように読むといいでしょう。こうした、「もつれ」をとくために必要に応じてペースを落とすことはかまいませんが、15回の反復終了時には自然な音読ができるようにします。必要なフォローアップのために、反復回数を増やしてもいいでしょう。

③　テキストを見ないリピーティング―5回

　再びリピーティングを行いますが、今度はテキストを見ません。テキストを見ながらの5回のリピーティングと15回の音読で英文に十分になじんだはずです。文構造・意味の理解、発話実感を伴って、ポーズ間に滑らかに英語を繰り返してください。**音読パッケージでは、テキストなしのリピーティングが仕上げのステップ**です。**テキストなしでリピーティングを正確に行うためには、完全な聴き取りと英文の理解・消化が必要**だからです。

　ただ、初心者や英語の回路がほとんどできていない人には、第1サイクルの30回のセッションでテキストなしのリピーティングを完成させるのは難しいでしょう。しばしば、立ち往生してしまったり、単語やフレーズの脱落や間違い、イントネーションの狂いなどが起こり、さらに自分ではそれに気づかないということもあります。次のよ

うな不正確なリピーティングです。

(モデル) High above the city, on a tall column,
　　　　(リピーティング) High above city tall column,
(モデル) stood the statue of the Happy Prince.
　　　　(リピーティング) statue Happy Prince stood.
(モデル) He was gilded all over with thin leaves of fine gold,
　　　　(リピーティング) He gilded all over thin leave fine gold,

　このようなリピーティングを強引に続けていると、ブロークンイングリッシュを覚えてしまう恐れさえあります。**テキストなしのリピーティングが困難な時は、無理にやろうとせず、テキストを見ながらのリピーティングを行ってください。テキストなしのリピーティングの完成は第2サイクル以降で実現すれば結構**です。

④　シャドーイング—5回

　締めくくりはシャドーイングです。ポーズ付きではないノーマルのテープを聴いて流れてくる英語の音声に、一瞬遅れてついていってください。イントネーションの崩れや、単語・フレーズの落ち、間違いに気をつけます。

　テキストなしのリピーティングと同じくシャドーイングも初心者には難しいですから、**不安定なら、テキストを見ながらのシャドーイングか音読で代用します。**

　この後、音読パッケージをすませた英文を通して、何回か正確にリスニングします。

　以上が音読パッケージの、第1サイクルの1セッションの全手順

です。ひとまとまりの英文をこの手順で終えたら次の文に進み、また次へと進行しテキストの最後の英文を終えれば第1サイクル完了です。

音読パッケージ・第1サイクル1セッションの手順

準備：1～2度聴いてからテキストをしっかり読み解く。

①テキストを見ながらのリピーティング	5回
②音読	15回
③テキストを見ないリピーティング	5回
④シャドーイング	5回

合計 30回

＊学習初期でシャドーイングが難しい時は、テキストを見ながらのシャドーイングか音読で代用

通し聴き　数回

3●反復回数を守る

英語を内在化するためのトレーニングはみな一定の反復作業を伴います。音読はその中でも反復回数がもっとも多いトレーニングです。そのため音読そのものを敬遠したり、やるにしてもいいかげんな回数で切り上げてしまう人が多いようです。「英語を身につけるには、何度も音読するのが効果的である」と聞いた時、多くの人はこの「何度も」を、せいぜい5、6回程度の回数と思い込みがちです。残念ながら桁が違います。人間は物事を自分の都合のいいように解釈したがるものですが、本当に英語の力をつけたければ適正回数を行う必要があります。

私が示した30回という回数にげんなりした人もあるでしょうが、一定の長さを持つ英文を深く自分の中に取り込み、そこから英語上達に役立つエッセンスを吸い上げたいと望むならこれくらいの回数が必要です。これは有酸素運動の効果に例えることができます。ジョギン

グやウォーキングのような有酸素運動で、減量効果を得たい時、一定の時間運動を続けるのが効果的と言われます。運動をはじめて15〜20分くらいはグリコーゲンが燃やされていて、脂肪の燃焼が始まるのはその時間が過ぎてからなのだそうです。音読の効果にも似たところがあり、一定数の反復を行っていると英文が自分の中に深く沈んでくる感覚が得られます。

　私はこの30回という回数をいいかげんに持ち出したわけではありません。私自身の指導経験から、音読効果を確保するためのミニマムな回数として割り出してきたのです。私自身が音読を本格的に開始したのは、国弘正雄氏の著書で「只管朗読」を知ってからです。氏の教え通り、私は中学生のテキストで音読にとりかかったのですが、回数についても本に書かれていた通り1冊500回を忠実に守り、100回×5のサイクル法で行いました。実際、この中学テキストの音読で私は本格的英語トレーニングの好スタートを切ることができました。

　この経験から、わたしが英語を教え始めた時、生徒に私と同じ100回×5サイクルの音読回数を課したのですが、みな途中で根を上げてしまい、これを実際にこなせる人はほとんどいなかったのです。そこで私は100回を80回にしてみましたが、それでも生徒はついてこられません。さらに70、60、50と回数を下げていったのですが、効果はまずまずでした。ところが回数を下げ続け、20回になったとき効果ががくんと落ちてしまったのです。回数を30回に戻した時、効果は再び安定しました。それ以来私はミニマムの音読回数を30回に設定しています。

　30回でもまだ多いと思うかもしれませんね。しかし、これは上達を確保するための最小限の回数ですから我慢してください。英語に限らずトレーニングというのは多少の単調さは避けられないものです。

なに、いったん始めてしまえばどうということはありません。さらに、この 30 回という回数はあくまでも第 1 サイクルの回数であり、次の「サイクルの回し方」で説明するように、第 2 サイクル以降トレーニングが効果を上げ始めると反復回数はどんどん少なくなっていきます。音読パッケージに限らずサイクル法を使うトレーニングでは第 1 サイクルは、丁寧に基盤作りを行います。最初に多少のエネルギーを注入すれば、後はトレーニングが走りだすのがサイクル法の特長です。

4●サイクルの回し方

均等方式とピラミッド方式

　最初のサイクルの音読パッケージを終えたら、第 2 サイクル、第 3 サイクル…とサイクルを回していくのですが、このサイクル回しには 2 つの方法があります。**均等方式**と**ピラミッド方式**です。

　均等式は、30 回なら 30 回を単純に繰り返していく方法です。私は中学の英語テキストを音読した際は、均等式を用い 1 サイクル 100 回の音読を 5 回繰り返しました。しかし、淡々と同じ回数の音読を何サイクルも繰り返すのは単調で非常な根気を要し、その負担から挫折もしやすいのです。このため、現在では均等方式を用いるのは英語回路がまったく備わっていない初心者に対してだけで、それも最初の

数サイクルに限定して用いることが多くなってきています。

　ピラミッド方式は、サイクルが深まり、テキストの内容の消化が進むに連れ反復回数が少なくなる方式です。肉体的にも心理的にも負担が少なく、トレーニング効果も良好なので、現在ではごく初心者を除き、この方法で音読パッケージを行うことを勧めています。サイクル回しの実際の進め方をこのピラミッド方式を使って紹介しましょう。

ピラミッド方式によるサイクル回しの実際

　第2サイクルに入っても、①〜④の手順は変わりません。ただ、各ステップの反復回数が少なくなります。第1サイクルで30回という回数をこなしているので、さほど間を置かず回ってくる第2サイクルでは英文がずっと理解しやすく、口にも落ち着きやすくなってきているからです。第1サイクルと同じ手順の中でモデル回数と注意ポイントを示してみます。

第2サイクル手順モデル

① **テキストを見ながらのリピーティング—3回程度**

　第1サイクルで地ならしをしていますから、これくらいの回数でいいでしょう。モデルの英語の発音、イントネーションをもう一度確認しながら。

② **音読—10回前後**

　しっかりと文構造・意味を把握しながら、英文が自分の中に落ち着き、次のテキストなしのリピーティングが安定してできる準備が整う回数を音読してください。

③ **テキストを見ないリピーティング—3〜5回程度**

　第2サイクル以降のメインパートです。英文をしっかりと把握し

ながら、正確かつスムーズなリピーティングが連続して3回程度できたら仕上がりです。

④ **シャドーイング—3回程度**
フォローアップとしてシャドーイングを行います。

このように反復回数は20回前後に減ります。第2サイクル以降ではテキストなしのリピーティングをハイライトとして、スムーズで正確なリピーティングが反復回数の中に3回くらい含まれることを心掛けます。言い換えれば、**第2サイクル以降の各セッションのトレーニングは、連続3回程度の安定したリピーティングめがけて行うということです。**

ただ、まだ英語の回路ができていない間は第2サイクルでもテキストなしのリピーティングが難しいかもしれません。その際は気にせずテキストを見ながらのリピーティングを行ってください。英文の落ち着きや、テキストなしのリピーティングに問題がある人は20回より回数を上げた方がいいかもしれませんが、むきになって何十回も反復する必要はありません。多くても30回以内でいいでしょう。リピーティングの完成は次のサイクル以降に譲ればいいのですから。

次に第3サイクルに移りますが、安定したリピーティングを3回完成することを目標にするのは同じです。反復回数はさらに少なくなるでしょう。スムーズなリピーティングが3回くらい含まれるなら、15回程度でいいでしょう。

第3サイクル手順モデル
① **テキストを見ながらのリピーティング—2～3回**
② **音読—6～8回**

③ **テキストを見ないリピーティング—3〜5回**
④ **シャドーイング—2〜3回**

　テキストを見ないリピーティングも楽にできるようになってきたでしょう。続いて第4サイクルに進みます。反復回数はいっそう減り、10回程度です。この回数はその後のサイクルでももう減らしません。これより少ないとあまりに淡白になって定着度が落ちるからです。

第4サイクル以降手順モデル
① **テキストを見ながらのリピーティング—2、3回**
② **音読—4、5回**
③ **テキストを見ないリピーティング—3、4回**
④ **シャドーイング—1、2回**

　この10回程度の反復で合計回数が100回程度になるまでサイクルを回します。サイクル回し全体の一例は次のようになります。

ピラミッド方式によるサイクル法モデルケース

第1サイクル	第2サイクル	第3サイクル	第4サイクル		
30	＋ 20	＋ 15	＋ 10	＋ ・・・・	≒100回

　1セッションあたりの反復回数は自分なりのアレンジで多少変動しても結構です。大切なことは次の3点です。
① 第1サイクル30回のミニマム回数を守る。
② サイクルを回して合計の100回前後反復する。
③ テキストの音読パッケージが仕上がったとき、ポーズ付きのテープをかけて、**テキストのどの部分だろうと、ほぼ完璧にリピーティングができる状態になっている。**

このようにして音読パッケージを完成するとテキストの英文の相当部分を暗記してしまっているでしょう。しかし、それは結果として起こった暗記であり、副次的なことです。**音読パッケージの目的は英文を表層的に記憶することでなく、英文を支える英語的エッセンス（構文・文法・語彙・レトリックなど）を吸収し自分の中に沈めていくことです。**ですから、一時的に暗記した英文はしばらくすると忘れてしまいますが、一向に構いません。取り込んだ英語のエッセンスは確実にあなたの内部に堆積していくからです。

　音読パッケージの手順は、テキストが変わっても基本的に同じ手順で行います。1つのテキストが終わると新しいテキストに変え、徐々に難しい英文に移って行きますが、トレーニングの内容は同じです。かなり高いレベル（TOEIC800前後）になるまで上に挙げた方法で行うことをお薦めします。

5●サイクル法からの卒業

反復回数の軽減

　かなりの英語力（TOEIC800程度）がついてくると音読パッケージの完成速度が上がってきます。実際には、第3サイクルくらいになるとステップ①のリピーティングで、すでにテキストなしで繰り返

せるようになってしまいます。また、多めの反復を行う目的は英語のエッセンスを刷り込むことですが、このレベルになると発音、構文・文法のあらかた、基礎語彙は身についています。したがって、同じテキストを100回も繰り返す必要性が薄れてきますので、反復回数を軽減することになります。基礎から音読パッケージを続けてこのレベルに到達した人なら、テキストから十分な利益を得たタイミングは自分で判断できるでしょう。適正な合計回数は70回かも、60回かもしれません。あるいはもっと少ないかもしれません。仕上がったと思ったときにサイクル回しを切り上げればいいでしょう。

ワンセッションだけの音読

　さらに力が付き上級レベル（TOEIC850以上）に達すると、同じテキストを何度も回す必要がなくなってくるとともに、トレーニングそのものがさまざまなバリエーションに分岐していきます。この段階に至ればサイクル法による音読パッケージを卒業していいでしょう。ただ、自分の気に入った文を好きな回数1セッションだけ音読することを末永く続けていくといいでしょう。いわば、「一期一会の音読」です。格調の高い英語を使う英語の達人達の中にはこの習慣を持つ人が多いようです。

4 どれくらいの分量を消化する？

　あるレベルに達するのにどれくらいの分量の教材をこなせばいいのでしょうか？音読パッケージはかなりの反復を伴うトレーニングですから、教材の分量は限られます。私は自分の教室の生徒にはまず中学2年、3年のテキストで音読パッケージへの導入をします（場合によっては1年から）。それもすべてのプログラムではなく抜粋したものなので、テープでそれぞれ20分程度、合計40分程度です。もともと英語の知識はそこそこあるけれど、英語回路がないためTOEIC300台から400台だった生徒の中には、中学テキストの音読パッケージを終えただけで、一気に600に達する人もいます。遊んでいた知識が稼動し始めたわけです。

　その後テキストのレベルを上げていくのですが、中級のテキストを2、3冊挙げた時点で、悪くともTOEIC700台後半、通常800台に入り、中にはいわゆるAランクの860点に達する人もいます。もちろん、他のトレーニングも並行して行っています。授業で精読を指導しますし、語彙制限のある本で多読もやってもらいます。ただ、私は基本がしっかりするまで機械的なボキャビル（語彙増強）には慎重ですし、仕事をしている生徒が多いので、英語回路を作るもう一つの重要トレーニングである短文暗唱＝瞬間英作文の量がなかなか上がらない場合が多いのです。ですから英語力アップの相当部分は音読パッケージによるものと言えます。

　しかし、上に挙げたレベルに達するまでに音読パッケージのために使用する教材の量は必ずしも多くはありません。テープに直して120分から160分というところです。上達するためには膨大な量の教材を使わなくてはならないと思い、何十巻ものテープ、何十枚ものCD

をつまみ食いする人がいますが、実際には、少数の教材を確実に消化するだけでかなりのレベルに到達するものです。TOEIC800程度というのは一般には上級と言われるレベルですが、実は基本的なことが確実に身についた時点で、いつのまにかこのレベルを超えているものです。確かに、膨大な量のさまざまな英語に触れる必要な時期がいずれ来るのですが、それはTOEICでは楽に900を越えるなど、教材を使ったいわゆる学習の時期が終わった段階です。

5 どんな教材を使う?

流れのある文

　音読パッケージで使う素材はばらばらの短文ではなく、物語や記事のような流れのあるものです。英語を勉強してきただけで、体の中に入れていくトレーニングが初めての人は、内容が簡単に思えても中学校の教科書から始めることをお勧めします。それが終わってしまえば、自分にとって面白く、レベルが合っていて、カセット、CDなどの音声媒体がついていれば何でも結構です。教材の選択に迷う方は、第5章の「お勧め教材集」を参考にしてください。ただ、**リピーティングに使うポーズの入ったものはほとんどありませんから、自分で作成します**。これはダブルカセットデッキを使えば簡単に作れます。次ページにポーズ付きテープの作り方を図示しました。また、センテンス、フレーズ単位でリピートをすることの多い外国語の学習には、やはりカセットテープが使いやすいです。

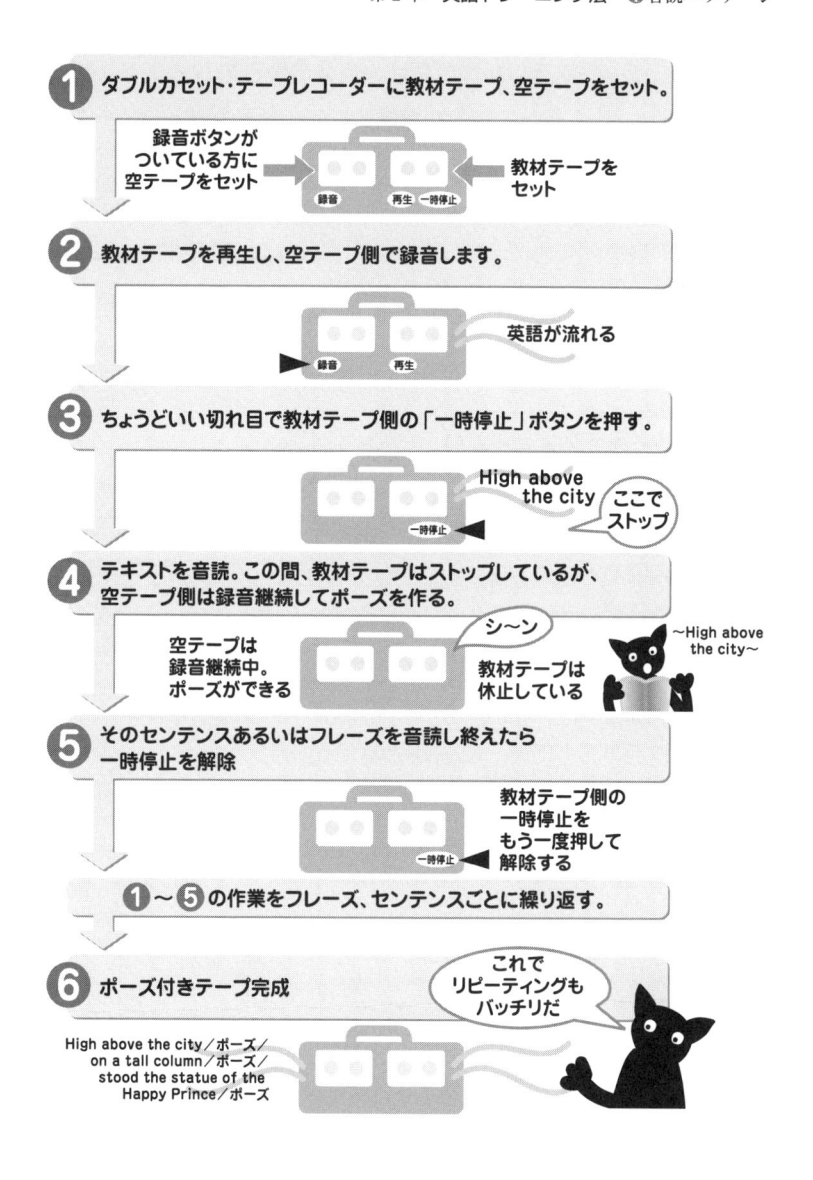

第2章　英語トレーニング法　❶音読パッケージ

❶ ダブルカセット・テープレコーダーに教材テープ、空テープをセット。

録音ボタンがついている方に空テープをセット　←→　教材テープをセット

❷ 教材テープを再生し、空テープ側で録音します。

英語が流れる

❸ ちょうどいい切れ目で教材テープ側の「一時停止」ボタンを押す。

High above the city　ここでストップ

❹ テキストを音読。この間、教材テープはストップしているが、空テープ側は録音継続してポーズを作る。

空テープは録音継続中。ポーズができる　　シ〜ン　　教材テープは休止している　　〜High above the city〜

❺ そのセンテンスあるいはフレーズを音読し終えたら一時停止を解除

教材テープ側の一時停止をもう一度押して解除する

❶〜❺の作業をフレーズ、センテンスごとに繰り返す。

❻ ポーズ付きテープ完成

これでリピーティングもバッチリだ

High above the city／ポーズ／
on a tall column／ポーズ／
stood the statue of the
Happy Prince／ポーズ

音読パッケージに適したレベルは、自分の読みのレベルを 100 とすると、60〜80 くらいのものが標準的です。**読んだ時にスムーズに理解できるもの**ということです。会話形式のものも使えますが、短いセンテンスばかりになりがちですから、**書き言葉を中心に使った方が安心**です。書き言葉をしっかり取り込んでから話し言葉を覚えていくのは簡単ですが、逆は真ならずだからです。このあたりは母国語の習得とは事情が異なるところです。

1 セッションはセクション、パラグラフごとに

　1 セッションの音読パッケージは、テキスト全体を最後まで読んでしまうのではなく、一まとまりのある文章ごとに反復します。この点、中学英語のテキストは、1 プログラムがさらに無理のない長さのいくつかのセクションに分かれていますから、使いやすいですね。セクションごとに 1 セッションのトレーニングを行い、終われば次のセクションにと進んでいけます。

　同じ学校テキストでも、高校用となると 1 セクションがかなり長くなり、2〜3 ページに及ぶものもあります。こうしたテキストや一般の小説や記事などを使う場合は、1 パラグラフごとや、それが短すぎれば 2 パラグラフごとというように自分にとってやりやすい長さで区切って反復を行います。

6 上達の過程での適用

　英語の回路を作り、英語を言語として直接受け入れる体質をつくる音読パッケージは、重要なトレーニングです。中学テキスト程度の英文が読めるなら、学習の開始と同時に導入します。以後かなり高いレベル（TOEIC800前後）になるまで、中心的なトレーニングです。TOEICで800くらいから、反復回数を軽めに抑える方法に徐々に切り替えていくのもいいでしょう。上級レベル（TOEIC850以上）に達して、学習時間に制限がある場合は、サイクル法による音読パッケージは毎日のトレーニングからはずしてもいいでしょう。その場合でも、1セッションだけの音読を折りに触れて行うことをお勧めします。

2 短文暗唱＝瞬間英作文

1 短文暗唱＝瞬間英作文とは

1●音読パッケージと2本柱

　音読パッケージとともに英語の内在化トレーニングの2本柱を成すトレーニングです。音読パッケージが英語を受け入れる体質を作ると共に、英語のストックの裾野を広げる役割を果たすのに対し、短文暗唱＝瞬間英作文は、**英文を即座に作るための瞬間英作文回路を自分の中に組み込みます**。また、この回路に乗せて、音読パッケージなどで蓄えた英語のストックが実際に使えるようになります。最も目立った効果は英語が話せるようになるということですが、それ以外にもリスニング、読解力も向上します。自在に使える構文、フレーズが多いということは、英語力全体を底上げしてくれるのです。

2●「力があるのに話せない」を打開する

　短文暗唱＝瞬間英作文は、その他の点では有効な学習を行っている人でも、見落としがちな、あるいは敬遠しがちなトレーニング法です。非常に単純な英文を無数に作るという手法が、知的にチャレンジングなことを好む学習者の死角に入りやすいからです。

　高い基底能力を持ちTOEFLでも600点前後（TOEIC900前後）をとって留学をした人たちからよく次のような体験談を聞きます。

「現地に行って、読むことは問題ないし、リスニングもでき講義も理解できた。でも、話す方はうまくいかず、最初の半年は聴くだけ、半年くらい過ぎてから、簡単なセンテンスがとつとつと口から出始め、1年2年と経つうちにスムーズさが増し、長いセンテンスでも話せるようになった」。

ある意味では、これは自然な外国語習得のプロセスです。確かに大学の学部4年間の留学というように滞在期間が長い場合は悠然と構えていられます。しかし、大半の人にとって、語学留学を思い立っても、数カ月から長くても1年の滞在がせいぜいでしょう。1年程度ではようやく会話が成り立ち始めた頃に帰国ということになってしまいます。

短文暗唱＝瞬間英作文トレーニングを十分に積めば、苦もなく英文が口をついて出るようになりますから、文字通り現地に着いたその日から英語を話すことができます。あとはどんどん話すことにより、会話力のブラッシュ・アップをするのみです。

実は私自身もこのトレーニングの有効性を見過ごし、かなり高い基底能力を持ちながらも英語が話せないという期間を長く過ごしてしまいました。このトレーニングは効くだろうな、と思いつつ簡単な短文を無数に作るという退屈そうな作業に取り掛かる気になれなかったのです。しかし一向に英語が口から出てくるようにならない状況の中、中学英語レベルの短文集を使ってこのトレーニングを開始したのです。渋々と重い腰を上げたものの、いったん始めてみると作業はなかなか快適で、その効果は劇的な形で現れました。

中学レベルの英語が応用自在になるのに半年もかからなかったと思います。欠けていたジグソー・パズルのピースが見つかり、空白部分にぴたっとはまった思いがしたものです。気を良くした私は徐々に教

材のレベルを上げていき、1年程度で音読などで消化ずみの構文・文法は自由に使えるようになっていました。

　短文暗唱＝瞬間英作文は、英語力の他の側面にも効果を持ちますが、このように英語を話すということには決定的な役割を果たします。海外に行く前に会話力をつけておきたいという方は、多少の単調さにめげずしっかりとトレーニングしてみてください。

2 トレーニング上の重要ポイント

短文暗唱＝瞬間英作文トレーニングを行う際は次の3つのポイントに留意してください。

① **簡単な文を数多く作る**
② **スピード、滑らかさを重視する**
③ **暗記しようとしない**

ひとつひとつ解説しましょう。

① 簡単な文を数多く作る

英語の学習に英作文を取り入れる際、使える英語を効率的に身につけるためには、決していきなり次のような和文英訳問題に取り掛からないことです。

（問題）次の日本文を英訳せよ。
「日本人は礼儀正しい国民であるとする評価があるが、私は無条件にこの意見に与することはできない。なるほど、われわれは欧米的な基準から見れば、他者に対し、慇懃な、時としては卑屈といってよいほどの態度で接する傾向がある。しかし、世界に冠たる丁重さが発揮されるのは、往々にして、近所付き合い、職場、同業界といった、構成員が互いに強い利害関係をもつ共同体内部に限られるのである」。

こういった文が満載された大学受験や英検用英作文問題集をお持ちの方がいたら、すぐさま押入れの奥深くしまってください。なぜなら

この種の問題が要求しているのは、知っている英語のルールを瞬間的に使うことでなく、その彼方にある翻訳の能力だからです。翻訳とは、深い日本語の知識を持ち、英語の能力も既に非常に高いレベルにある人が行う専門性の高い仕事であり、英語の基礎を身につけようとしている段階で手をつけることではありません。

我々がまず身につけなければならないのは、平易な文を瞬間的にかつ正確に作ることのできる能力です。そもそも上に挙げた問題は日本文でさえ、すらっと口から出てくる代物ではないでしょう。こういった文から、あやふやな構文をこね回し、和英辞典と首っ引きで長時間かけてつぎはぎ細工のような英文をつくっても労して功なしです。効果をあげるには簡単な文を素早く、ひとつでも多く口から発していくことが大切です。

② スピード、滑らかさを重視する

このトレーニングの主要な目的は、言いたいことが瞬時にばね仕掛けのように口から出てくる回路の獲得です。そのためには短文を暗唱するとき、スピーディー、かつ、なめらかになるまで口に収めなければなりません。適切なテキストを使いながら、十分な効果が上がらない人はこの部分を飛ばして、英文が取りあえずできたところで満足してさっさと次の文に移ってしまっているのです。

また、瞬間性も忘れないでください。このトレーニングで使う短文は自分にとっては簡単に理解できるレベルのものです。1つの日本文を英語にするのに1分も2分も時間を掛けるべきではありません。これでは数多く文をつくるというポイント①が守れません。ちょっと考えてわからなかったら答えの英文を見てよく理解し、繰り返し口にしてください。

英語をばね仕掛けのように出す

③ 暗記しようとしない

　外国語の駆使能力を身につけようとする場合、意識的なゴリゴリ暗記は禁物です。なにごとも1回で強引に暗記しようとしないことです。こうした記憶はいわゆる短期記憶、中期記憶で、学校のテストでは有効であったかもしれませんが、外国語を自由に操る力をつけるためにはほとんど役に立ちません。なぜなら、外国語を駆使するための基盤としての文法、構文、語彙は永久に忘れず、瞬時にアクセスできる長期記憶としてストックされなければならないからです。この長期記憶はゴリゴリした暗記ではなく、自分の名前、家族や友人の顔、学校や仕事場への道順の記憶などと同じように、繰り返しによる刷り込みの結果起こるのです。このような記憶を作るにはサイクル法が効果を発揮します。

**学校への道順を覚えるように
繰り返して長期記憶を作ろう！**

3 短文暗唱＝瞬間英作文のステージ進行

短文暗唱＝瞬間英作文は3つのステージに分かれ、ステージごとにテーマ、使用する教材のレベルも異なります。

第1ステージ●瞬間英作文回路の設置準備

このステージの目的は、中学英語の範囲内の英作文が確実かつスムーズにできる回路の設置です。教材集としては中学英語の文型・文法項目別の例文集などを用います。重要なことは**単語、表現などに難しいものが一切無い、ばからしいほど簡単なテキストを使う**ということです。こうした例文は少し退屈な感じがするかもしれません。例えば、「不定詞の副詞的用法の目的」の項では、

＊私は本を借りるために図書館に行きました。
＊太郎は友達に会うために公園に行きました。
＊彼女はその列車に乗るために走りましたか？

といった文が並んでいます。多くの人は、いい大人がこんな文をぶつぶつやってられるかと、もっと実際的な表現や気の利いた言い回しがたっぷり入った文例集を使おうとします。そうした本では、用いられる文は、例えば「その新婚夫婦は婚姻届を提出しに区役所に行った」。であったりします。すると、「新婚夫婦」とは英語でなんと言うのか？「婚姻届」は？「提出する」は？「区役所」は？と表現に迷い英文がすぐに作れないということが起こります。文型自体は簡単なので、答えの英文を見れば納得はいきますが、暗唱する段になると新しい表現がたくさん入っているので口に落ち着けるのに時間がかかって

しまいます。また、記憶の負担もかかり、瞬間英作文というよりフレーズの暗記になってしまいやすいのです。これでは、英作文回路を作るというトレーニングの目的自体がどこかに行ってしまいます。

　まずは基礎固めです。ピアノを習い始めたばかりの人がショパンのバラードの楽譜を買っても弾けるはずがありません。そのレベルに達する前に、バイエルやハノンで運指の基礎練習をする過程が必要でしょう。英語も同じです。まず、頭の中であれこれ考えなくとも基本的な文が組み立てられる回路を作ってしまいましょう。そのためには知らない語彙・表現を含まない単純な文で始めるのがいいのです。**英文を組み立てること以外の一切の抵抗をトレーニングから取り除くことができるからです。**

　実際的な表現や気の利いた文句を好きなだけ覚える場は第3ステージに用意されています。第1ステージでは簡単な文をしかも文法項目別でひたすら作っていきます。いわば、本格的なウェートトレーニングの前に非常に軽い負荷を使ってバーベルを扱う正しいフォームを覚えるようなものです。

　とはいっても、実際にやってみるとこういったトレーニングを今までやってこなかった人は第1ステージでさえ最初は苦労するでしょう。じっくり考えればどうということのない文でさえ反射的に英文にしようとすると間違いが続出したり、口に落ち着かなかったりします。これが、「知っていること」と「できること」のギャップです。でも落胆することはありません。規則的なトレーニングを行えば基礎回路は遠からず設置されます。第1ステージと第3ステージの距離も、バイエルとショパンの間のそれに比較すればはるかに小さいものです。

第2ステージ●瞬間英作文回路の設置完了

　第1ステージでは中学英語の英作文が文法項目別にスムーズにできることが目標でした。この第2ステージでも文型・文法的には引き続き中学英語の枠の中でトレーニングしますが、瞬間性、機動性、応用性を高めることをテーマにします。

　第1ステージではテキストの1ページの短文すべてが「不定詞の名詞的方法」ならそれだけというように1つの文法項目だけを使って練習を行います。この第2ステージでは文法項目別編集のテキストから離れ、文法・構文要素がランダムに使われた教材を使用します。つまり、現在形を使った文の後に過去形や現在完了形が出てきたり、不定詞を使用した文の次に関係代名詞や受動態の文が現れるといったものです。トランプを切った＝シャッフルしたようなので、こういった教材を**シャッフル教材**と呼んでいます。問題は、短文集は文法・構文的に編集されているものが一般的でシャッフル教材が少ないということです。しかし本来短文集や英作文問題集でないものを効果的に使うことができます。

文型シャッフル

　まず、中学英語の**教科書ガイド**があります。ガイドの訳文から逆に本文を再生（**英文再生**）するのです。教科書の英文はまとまりのある会話や物語の形を取っているので、1セクションの英文がすべて同じ文法・構文で書かれているということはありません。必然的に文型・文法のシャッフルが行われることになります。欠点はかなり高価（2,000円前後）なことです。

　そこで、同じトレーニングをもっと安上がりに、さらにハイレベルで行えるのが**高校入試用長文問題集**です。教科書ガイドと同じく訳文から問題の英文を再生します。読んでしまえば簡単ですが、立て板に水のごとく英語にしていくのはかなりいいトレーニングになります。私自身この「高校入試英語長文再生」でかなり英会話力がつきました。大枚はたいて英会話学校に行って、"yeah""really"などと相槌ばかり打っているよりはるかに効果があることを保証します。ただ、気をつけることは公立高校入試用の問題集を使うことです。私立校入試用の問題集は、しばしば中学英語を越えた内容を含んでいるからです。

　短文暗唱＝瞬間英作文の第2ステージの仕上げは、**中学英語の要素が1文の中に複数含まれた英作文**を行います。例えば次に挙げる

ような文です。

1. 私が昨夜観た映画は、インドで作られた。
2. 私が子供の頃住んでいた町には、公園がたくさんあった。
3. 彼はアメリカに行くことを決めたが、まだ英語の勉強を始めていない。
4. 彼女がなぜ怒っているのかわからなかったので、私は黙っていた。
5. 君がどちらの車のほうがより良いのか言ってくれなかったので、僕は気に入った方を買った。
6. 窓を割ってしまったその少年は、お父さんに叱られるだろうか？

解答例

1. The movie (which／that) I saw yesterday was made in India.
   関係代名詞の目的格と受動態の連結を過去形で。関係代名詞節が主部にくる文を日本人は苦手にしがちです。
2. There were many parks in the town where I lived when I was a child.
   There is (are) の構文と関係副詞との連結。
3. Although he decided to go to the U.S, he has not begun studying English yet.
   Although (though) を使って、「～だけれど」の従属節。主節では現在完了を用います。
4. As I didn't know why she was angry, I kept silent.
   間接疑問文との SVOC の第5文型が使われています。
5. Since you didn't tell me which car was better, I bought the

one (which／that) I liked better.
　間接疑問文と関係代名詞そして、比較が盛り込まれています。
6．Will the boy who has broken the window be scolded by his father?
　関係代名詞節の主部、受動態の連結。be を忘れないように。

　どうでしょうか？中学程度とは言え、瞬間的に行うにはかなり負荷の大きい英作文ではないでしょうか？かなりややこしく、実際の会話では複数に分けた方がいいような文も含まれていますが、言おうとすれば簡単に言えるという基礎力は欲しいものです。

　残念ながらこういった文が練習できる短文集や英作文問題集はほとんど市販されていません。ただ、この複雑な連結英作文は、項目別教材、シャッフル教材できちんと基本ができるなら必ずしも必要ありません。自然と応用性は身につくからです。上に示した短文は、項目別やシャフルなら大丈夫なのに連結させると途端に構文がぐしゃぐしゃになってしまう生徒のために私が開発した特別教材の一部です。

　第2ステージまでは構文・文法的に中学英語程度にしぼってありますが、実は基礎回路としては十分なものです。ここまでくれば、言

いたいことを知っている範囲の英語にすることは造作もなくなっています。後は、この瞬間英作文回路を使って快適に無数の文を作り、回路そのものをさらに強化・拡大しながら、表現の幅を広げていくだけです。

第3ステージ●瞬間英作文回路の深化・拡大

短文暗唱＝瞬間英作文の最終段階。このステージでは、中学英語という枠を取り払い、第2ステージまでで完成した回路をフルに活用し、あらゆる構文、表現を吸収していきます。書店に行けば、この第3ステージのトレーニングにうってつけのテキストがいくらでも見つけられます。第1ステージでは、回路の設置に集中するために、難しい表現や気の利いた表現の含んだテキストの使用に待ったをかけましたが、第3ステージでは思う存分こうした表現を覚えてください。第2ステージ完了時に、既に強固な瞬間英作文回路ができあがっていますから、どんな表現が出てきても口に収まらなかったり、持て余したりすることはないのです。

こうした表現を身につけていくことが第3ステージの大事な目的でもあります。したがって、第2ステージまでと違い、第3ステージには終了ということがありません。英語の表現を覚えることに終わりは無いからです。たとえば、通訳など英語のプロは常に英語の表現力を研ぎ澄ませていなければなりませんから、この種類のトレーニングは欠かせないでしょう。ただ、そこまで高度な英語表現力を求められない一般的な使用が目的の人は、徐々にこのトレーニングの量を減らしていくことになるし、あるレベルになれば全くやらなくてもよいでしょう。あとは実際に英語を使うことによって表現力を維持、上積みしていけばよいのです。いずれにしても、**第3ステージでは、瞬**

間英作文回路の強化から、表現の拡大ということに、トレーニングの比重は移っていきます。

難構文も楽々吸収
第3ステージで是非マスターしておきたいものに、大学受験用構文集があります。そう聞いただけで顔をしかめる人がいるかもしれません。受験時代の忌まわしい記憶が蘇ってくるのでしょう。「あんな複雑な構文は受験に必要だっただけだ！」とか「実際の会話で使うはずがない！」といった声が聞こえてきそうです。ところがどうして、会話でも結構使われます。

　例えば、先日もアメリカ映画をみていたら、難構文の代表格である、いわゆる「鯨の構文」がさらっと会話で使われていました。この構文は no more～than…という枠組みを使うもので、A whale is no more a fish than a horse is.「馬が魚でないのと同じように鯨も魚ではない」という例文をよく使うのでこの名があるのですが、大学受験生がもっとも苦手にする構文の1つです。「この構文は非常に形式的なもので堅い文章の中のみで使われます」などと解説する先生もいるのですが、私が見た映画の中では、女子高校生同士の会話で使われていました。同い年の友人に子供っぽいと言われた女の子が、I am no more a child than you are !「あんたが子供じゃないならあたしだって子供じゃないわ！」とやり返していました。

　難しい構文が主に書き言葉で使われ、会話ではほとんど中学英語レベルの構文が使われるのは事実です。とくに自分が話す際には、中学レベルの構文が自在に使えるなら、ほとんど支障がないでしょう。しかし、堅いものの言い方をする人はいますし、演説などを聴くこともあるでしょう。そして何よりも、あらゆるレベルの英文を読むには、

あらゆる構文を知っておくことが必要です。

　実は、**中学英語の回路が完成した後では、大学受験レベルの構文を身につけてしまうことは、さしたることではない**のです。私自身の経験をお話ししましょう。私は中学レベルの瞬間英作文回路を作った後、ほとんど努力らしい努力もせずに大学受験用構文を身につけました。

　当時私は友人の経営する小さな予備校で、大学受験生たちに英語を教えていました。授業で構文を教えるために市販の構文集を使っていたのですが、授業の前に控え室でこの構文集をぱらぱらとめくっていたのです。私は英語のトレーニングをする時にはしっかりと声を出すのですが、この時は授業のための軽い準備に過ぎず、自分の学習をしているつもりもありませんでしたから、せいぜいぶつぶつ呟く程度です。

　自分自身が大学の受験勉強をしている時は、構文を取り立てて覚えたこともなくその知識も不十分だったのですが、中学英語が完全に身についた後あらためて大学受験構文を学習してみると、その構造が実に良くわかるのです。一見複雑な構文も簡単な文に僅かな上乗せをしているだけなのです。例えば、先ほどの鯨の構文なども、「なんだ。受験時代にはよくわかんなかったけど、A whale is a fish. A horse is a fish.という中1英語に no more～than…というフレームをかぶせてあるだけじゃん」と、手品の仕掛けが透けて見えるように、構文の成り立ちがわかるのです。

　そんなことを数カ月続けているうちに、そのテキストの構文をすべてマスターしていました。よく理解できるというのにとどまらず、どの構文を使ってでも瞬間的に英作文ができるようになっていたのです。大学受験用構文は私の英語学習のうちでももっとも少ない労力で

身についたものです。この経験から、私は**大学受験レベルの構文を難しく感じ、覚えられないのは、単にそれ以前の中学レベルの英語が未消化だからだ**ということができます。

短文暗唱＝瞬間英作文トレーニングのステージ進行まとめ表

第1ステージ

中学英語の範囲内で平易な文が文型別に確実にスムーズに作れるようにする。
単語・表現に難しいものが一切ないばからしい程容易な文例集を使用。

第2ステージ

中学英語の文型の瞬間的な引き出し、結合が自由にできるようにする。
反射的に英文を作る回路の設置完了。
例文が、文法・文型別に並んでいないパターン・シャッフルされたもの、あるいは文型が結合された文例集を使用。

第3ステージ

さまざまな文型・構文・表現を駆使できるようにする。
第2ステージ終了までに獲得した回路を利用し、中学英語の枠を越えたさまざまな文例集・構文集を用い、あらゆる構文、文型、表現を習得していく。

4 短文暗唱＝瞬間英作文の実際の手順

短文暗唱＝瞬間英作文トレーニングの実際の手順ですが、どのステージでも基本的には同じです。ここでは、第1ステージで使用する文法項目別に編集された中学2年の短文集例を使います。この短文集の目次を見てみましょう。

（代表文）

1. 過去形　　　　　　　　　I visited the library yesterday.
2. 過去進行形　　　　　　　She was taking a bath then.
3. That 節　　　　　　　　 I think that he is a nice man.
4. when 節　　　　　　　　 When I came home, my brother was watching TV.
5. SVC（一般動詞）　　　　The girl looks sad.
6. SVO＋前置詞　　　　　　I gave the book to the student.
7. SVOO　　　　　　　　　 I gave him a book.
8. will 単純未来　　　　　　He will soon be back.
9. will 意志未来　　　　　　I will go to the country some day.
10. will・shall　　　　　　　Will you please call him？／Shall I help you?
11. be going to　　　　　　　I am going to see him tomorrow.
12. may・must　　　　　　　You may go now.／You must do your homework.
13. have to　　　　　　　　They have to clean their rooms.
14. be able to　　　　　　　I was able to solve the problem.
15. 感嘆文　　　　　　　　　How kind he is！／What a kind boy

		he is!
16.	不定詞・名詞的用法	I want to study English.
17.	不定詞・副詞的用法	He went to the library to borrow some books.
18.	不定詞・形容詞的用法	I have some work to do this afternoon.
19.	動名詞	He enjoys listening to music.
20.	原級	She is as pretty as her sister.
21.	比較級・er	He is taller than his father.
22.	最上級・est	He is the smartest boy in the class.
23.	比較級・more	Tom is more intelligent than Jim.
24.	最上級・most	She is the most beautiful woman in the town.
25.	比較級・副詞	He runs faster than you.
26.	最上級・副詞	She sings (the) best of all the girls.
27.	現在完了・継続	He has lived in Japan for three years.
28.	現在完了・完了	The boy has broken the window.
29.	現在完了・経験	He has once been to Europe.
30.	受身	Emily is loved by her parents.

　項目ごとの短文の数は10なので、この本全体の単文数は300です。苦手にする人が多い最後の項目の「受身」を使ってトレーニングの手順を紹介します。この項目には次のような日本語文とそれに対応する英文が並んでいます。

日本文

① エミリーは両親に愛されている。
② この小説は多くの人に読まれている。
③ この手紙イングランドにいるおじによって書かれた。
④ 英語は多くの国で話される。
⑤ このおもちゃは中国で作られた。
⑥ その少年は級友達に笑われた。
⑦ その窓は誰によって割られたのか？
⑧ 彼は交通事故で死んだ。
⑨ あなたはみんなに人に好かれるだろう。
⑩ 彼女はいつ、どこで生まれたのか？

英文

① Emily is loved by her parents.
② This novel is read by many people.
③ This letter was written by my uncle in England.
④ English is spoken in many countries.
⑤ This toy was made in China.
⑥ The boy was laughed at by his classmates.
⑦ Who(m) was the window broken by?
⑧ He was killed in a car accident.
⑨ You will be liked by everybody.
⑩ When and where was she born?

さて、トレーニングに入りましょう。

サイクルを回す

　学習の中でもトレーニング性の高いものは必ず同一のテキストを何度か繰り返します。これを、サイクルを回すと言います。文法であれ、構文であれ、語彙であれ、英語を駆使するためには瞬間的に記憶から取り出し（アクセスして）、自由に使いこなせることが必要です。

　このような反射的で融通性に富んだ知識は、試験勉強のような1回限りのゴリゴリした暗記では獲得することができません。大切なことは**軽めに何度も繰り返す**ということです。これを行うことによって、知識が深く確実に刷り込まれ、使いこなすことのできる技術（スキル）に変化するのです。

セグメントに分ける

　何度も繰り返すことによって内容を刷り込んでいくのですが、いっぺんにテキスト全体を学習すると、1サイクル終えてテキストのトップに戻ってきた時に記憶が薄れていて、せっかく得たスピードと滑らかさが失われているということが起こります。ですから、ひとつのテキストをいくつかの部分（**セグメント**）に分割します。

　セグメントごとにサイクルを回して完成させ、最後にテキスト全体のサイクル回しをすると能率的です。こうすると記憶が薄れる前に次のサイクルが回ってきて刷り込みがどんどん進むのです。この30項目のテキストだと10項目ずつ3セグメントに分割するのが標準的ですが、分割のしかたは人によって異なります。

第1サイクル

　それでは、最初のサイクルです。はじめてこのテキストにあたるわけですから、このサイクルではじっくりと4つのステップを踏みます。

(1) **まず、日本語文の内容を理解して英作文をします**

　ここで気をつけるのは無駄に時間を費やさないということです。決して1つの文に1分も2分も長考しないでください。短文暗唱＝瞬間英作文は言語的な反射神経を鍛えるトレーニングなのです。1文につき長くても10〜20秒で切り上げてください。

(2) **次に文ごとに英文を見て答えあわせをして理解・納得してください**

　正しい英文を作ることができましたか？④や⑤で、by many countries、by China としなかったでしょうか？「多くの国」や「中国」は動作の主体ではないので機械的に by を持ってこないように。⑥で「笑われた」と was laughed by と at を落としませんでしたか？「〜を笑う」は laugh at ですから、この at が受身になっても行方不明にならないようにしてください。

　⑦でつまる人が多いです。より基本的な一般疑問文は「その窓はピーターに割られたのですか？」を作ってみましょう。これは Was the window broken by Peter？　ですね。⑦では「ピーターに」が「誰に」なので代わりに whom が入ります。疑問詞は文頭にきますから、Whom（who）was the window broken by？となります。whom の代わりに who を使うほうがより口語的です。

　⑧では by a car accident ではなく in a car accident ですね。⑨では be を落とさないように。どうでしょうか？中学2年の英語と言えども基本がぐらぐらしていると、思わず足をすくわれた個所もあったのではないでしょうか？上に挙げたようなポイントに気をつけながら

自作の英文と、解答を見比べしっかり理解・納得してください。

そして次に、

⬇

(3) 英文を口に落ち着ける作業をします

　理解・納得した英文を、テキストを見ながら何度か音読してください。口になじんだら、テキストから目を離し数回唱えます。テキストを見ながらの音読も、テキストから目を離した暗唱も、**単なる音にならないように文構造・意味をしっかり感じ、発話実感を込めて英文を再生**してください。

　例えば⑦の文なら、粉々になった窓ガラスを思い浮かべながら、「いったい誰がこんなことをしたんだ？！」と憤慨を込めて言うのです。ばらばらの文を、リアルな感情とともに再生するのは難しいと思われるかもしれませんが、すぐに慣れてしまいます。外国語の習得には多少の芝居っ気が必要です。

　テキストから目を離し、スムーズに2・3回言えれば次の文に移ってください。反復回数は当然ながら文の難度によって変化します。「この花は美しい」。This flower is beautiful.程度の文なら、スムーズに言えるならばテキストを見て1回、目を離して1回の、合計2回でもいいでしょう。しかし、「あなたが庭で見つけた花はいい香りがしましたか？」Did the flower you found in the garden smell good?だと構文的にぐっと難しくなるので、口に落ち着けるためにはそれなりの回数を繰り返さなければならないでしょう。いずれにしても、音読パッケージのように数十回も繰り返す必要はありません。

　学校英語・受験英語では英語を静止的な知識として扱いますから、理解できたらお終いで、この繰り返しの作業がないがしろにされてい

ます。英語を使いこなすことまでは目指さないからです。何を目的にするかによってトレーニングの方法は全く異なってきます。**「わかっていること」を「できること」にするためにはわかりきったことを繰り返すことが欠かせません。**

(1)から(3)の作業は個々の文について連続して行います。このように⑩まで終わったら、

↓

(4) 10文全部の「英作文の流し」を行います

「英作文の流し」とは、各項目の仕上げとして10の英文を川が流れるように、なめらかに連続的に再生していくことです。日本文を見ながら、(1)〜(3)のステップで口に落ち着かせた英文が口からすらすらとでるような状態にしてください。

途中でつまずいて流れを止める文があれば、その文については(3)のステップに戻り再び口に落ち着けます。このようにして流れをせきとめる個所を復習しながら10文すべて終わったら、1文目に戻り同じ要領で「英作文の流し」を行います。このようにすると苦手な文は当然繰り返しの回数が増えますから自然に弱点を補強することになります。

「英作文の流し」を何度か繰り返してすべての文が発話実感を伴ってすらすらと言えるようになったらその項目は終わりです。次の項目に移って(1)〜(4)のステップを繰り返していきます。このようにして、セグメント全体を終えたら第2サイクルに移ります。

第2サイクル以降

第2サイクルから後はすべて同じで、**第1サイクルのステップ(4)**

の「英作文の流し」だけを行います。もちろん流れをせきとめる英文はステップ(3)に戻り、口に落ち着ける作業をしながらです。とはいっても、第1サイクルで4つのステップを踏み、特にステップ(3)でしっかり口に落ち着けているうえに短いセグメントに切るので、トレーニングは順調に進むでしょう。

　サイクルトレーニングの特長は、**サイクル数が増すにつれトレーニングの負荷が減っていく**ということです。何度も繰り返す、と聞いただけでうんざりとした顔をする人がいますが、実際にはトレーニングはどんどん容易にかつ快適になっていくのです。第1サイクルでは比較的入念なステップを踏みますが、その際の理解・記憶とセグメント分割を利用してそれ以降のサイクルはとんとん拍子にスピードアップしていきます。この第1サイクルでさえ、1回で覚えきろうなどという邪念はありませんので、負荷はゴリゴリ暗記の10分の1以下でしょう。

　サイクルを回していると、5〜6回目からスムーズに短文が口から出てくるようになりますが、ここですぐにサイクル回しを止めないでください。**たやすくできることを楽に繰り返すことにより「熟成」が起こり、深い刷り込みが起こる**のです。けんかをする場合、相手が降参したらそこで攻撃を止めるのがルールでしょう。しかし、英語のトレーニングでは、相手が無抵抗になっているときにさらに馬乗りになって殴りつけてとどめをさすことが肝心です。淡白にトレーニングを切り上げ、捕まえたはずの獲物を取り逃がさないでください。サイクルは楽になってからさらに4〜5回回すのが標準です。つまり10回くらいは回すことになりますね。

セグメントからテキスト全体へ

このように1つずつすべてのセグメントを完成したら、今度は**テキスト全体を通してサイクルを回します。**この際は、第2サイクル以降の手順で結構です。テキスト全体といっても、セグメントごとに完成しているので、苦もなく仕上がってしまうでしょう。

ただし文法・構文があらかた身につき、短文暗唱＝瞬間英作文の目的が表現の獲得に移っている**上級者は、このテキスト全体のサイクル回しは徐々に省いていく**ようになります。文法・構文の全体的な俯瞰図を体得しなければならない初心者・中級者はしっかりテキスト全体のサイクル回しを行ってください。

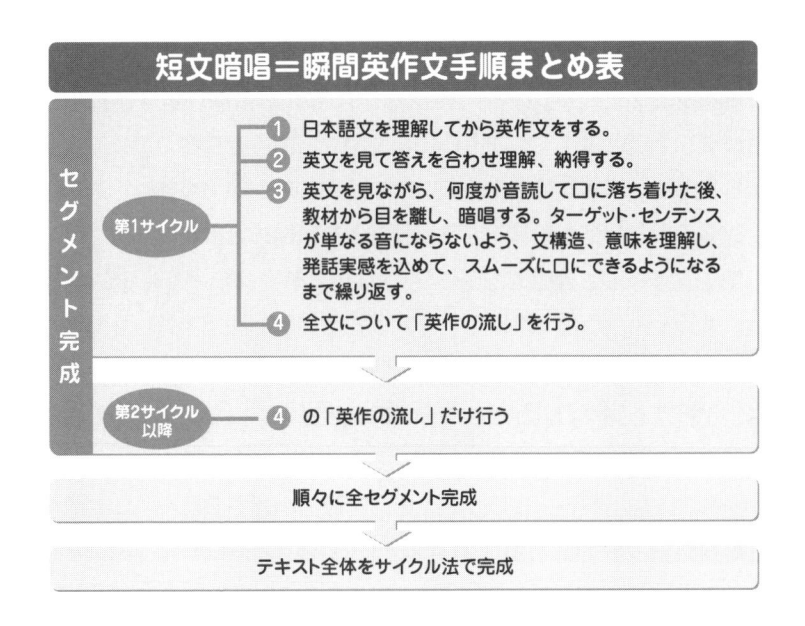

短文暗唱＝瞬間英作文手順まとめ表

セグメント完成

第1サイクル
1. 日本語文を理解してから英作文をする。
2. 英文を見て答えを合わせ理解、納得する。
3. 英文を見ながら、何度か音読して口に落ち着けた後、教材から目を離し、暗唱する。ターゲット・センテンスが単なる音にならないよう、文構造、意味を理解し、発話実感を込めて、スムーズに口にできるようになるまで繰り返す。
4. 全文について「英作の流し」を行う。

第2サイクル以降
4. の「英作の流し」だけ行う

↓

順々に全セグメント完成

↓

テキスト全体をサイクル法で完成

5 上達の過程での適用

　短文暗唱＝瞬間英作文で最初に用いる教材は中学文型集の類ですから、中学英語をおおよそ頭で理解した頃がトレーニングのスタートとなります。ですから、ある程度の基礎知識がある人は学習開始から短文暗唱＝瞬間英作文を行っていくことになります。しばらくの間、このトレーニングは音読パッケージと並んで英語トレーニングの2本柱となります。英語を瞬間的に処理する回路を作るため、すなわち「わかること」を「できること」に変えるためにこの2つのトレーニングは絶大な効果を発します。

　しかし、私の教室でも音読パッケージは苦にしないのに、短文暗唱＝瞬間英作文は敬遠する人が多いのです。その場合、基底能力は高まり、TOEICなどのスコアもあがっていくのですが、英語がすらすらとは口から出てこないという症状を訴えることになります。相手の言っていることはよくわかるのに、英語が自由に操れないためにだんまりを決め込まなければならない欲求不満を味わいたくなければ、バランスの取れたトレーニングを行うことをお勧めします。

　第1ステージ、第2ステージとこなし、第3ステージに進みしばらくすると英語で言いたいことを言うことにほとんど苦労しなくなります。この時点以降は、短文暗唱＝瞬間英作文を続けていくか否かは、学習する個々の人がどれくらいのスピーキング能力を求めているかによります。

　一般の人ならトレーニングを止め、実際の会話でスピーキング能力を磨き、維持していけばいいでしょう。教養あるネイティブ・スピーカーの域や同時通訳のようなプロを目指す人は、トレーニングを継続しスピーキング能力を常に磨き続ける必要があります。

第 2 章　英語トレーニング法　❷短文暗唱＝瞬間英作文

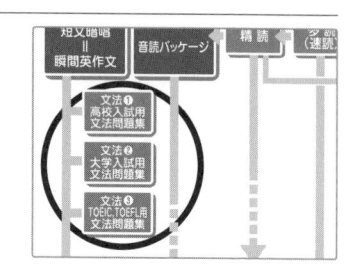

3 文法

1 文法の必要性

　私は、外国語として英語を身につける場合、学習効率の点から文法の学習は必要だと思います。我々は文法に則って、言語を使用します。「いや、そんなことはない。俺は日本語を話す時に文法のことなんか考えちゃいない。第一、文法なんてきちんと勉強したことなんてないぞ」と反論する方はいるかもしれませんが、その反論自体は非常に文法にかなったものなのです。決して、「ないことそんな。俺から時日本語話すない考え文法」などとは言わないものです。

　このように、我々は文法を意識的に学ぶこともなく、文法どおりに母語を操る術を身につけてしまいます。これは、英語のネイティブ・スピーカーも同じで、教室で現在完了や仮定法を習わなくても、これらの文法ルールを使いこなすことができます。つまり、文法用語や文法的な客観的分析方法を知らないだけで、文法そのものは身についてしまっているのです。

　次に起こる議論は「それならば、母国語を覚えるように自然に覚えてしまえばいいではないか」というものです。そうしたことが本当に可能ならば、私も大賛成です。しかし、人間が母語を習得するメカニズムは実に神秘的なものです。このメカニズムの完全な解明は、言語学のみならず、教育心理学、認知心理学、大脳生理学、進化学などの

叡智を結集して取り組む課題でしょう。人が母国語を習得するメカニズムが完全に解明され、外国語に対してもそっくり再現可能になった時、我々は忍耐と時間とを要する英語の学習から解放されるでしょう。

言語学上の歴史的ブレークスルーが訪れるまで、英語を習得するのを待てないのならば、やはり文法を学習するのが得策です。文法をまったく勉強せずに英語を学習することはほとんどの場合非常に非効率的なものです。私自身も枚挙に暇がないほど実例を見てきました。

何年か前、英語を勉強している人から相談を受けたことがあります。英会話学校に1年半ほど通っているのだが、進歩が見られない。学校の授業でうんざりしているので文法の勉強は絶対にしたくない。何か良い方法はないか、というものでした。よくあるケースなのですが、私はまず簡単な英作文をしてくれないかと言い、次の文を与えました。「このりんごはあのりんごと同じくらいの大きさです」。彼女が窮してしまったので、「as〜as を使ってみましょうか」と助け舟を出しました。彼女がつっかえながら作ってくれた英文は次のようなものでした。

This apple as that apple as big.

「残念ながら、」なるべく傷つけないように言葉を選びながら、私は言いました。「正しい英文とは言えませんね」。それから、あまり刺激しないように、細心の注意を払いながら次のように提案してみました。「おそらく、今のまま会話だけをやっていても、上達することはないでしょう。ここらで、正しい英文の作り方を練習してみる必要があると思うのですが。その、まあ、文法をちょっと…」その途端彼女の表情は険しくなりました。私は忌まわしい言葉を口にしてしまったように、口をつぐみました。「文法は絶対にやりたくありません。文

法はゼッ・タ・イ・ニ！」彼女は決然と言い放ちました。

　私たちの話し合いはそこで決裂しました。文法をまったく勉強せずに英語を上達させることは、少なくとも私の技術では不可能だからです。彼女が憤然と帰った後、私は哀れな英文法に同情しました。本当はとっても、頼りになるいい奴なのに。最初にちょっととっつきにくいところはあるけれど、知り合いになれば気のいい奴なのに…。それから、彼女やその他の多くの人にこれほどの文法嫌悪症を植え付ける、学校・受験英語での英文法の扱われ方、教えられ方を思い起こしました。そして私はひとりごちました。「英語学習の中で、正しい位置付けさえちゃんとされれば、本当に身になる教え方さえされれば、こんなにも目の敵にされることもなかろうに…英文法よ、君も本当に不憫なやつだなあ」。

2 運用文法を身につけよう

　英文法は英語を話す、聴く、読む、書く、のすべてに直接役立ちます。決して、ホルマリン漬けになって動かない規則の集まりではないのです。しかし、学校や予備校などで英文法が教えられる時、多くの生徒は、断片的な規則の標本を見せられるような気持になるようです。暗い理科室の壁には死んだ蝶たちがピン止めにされた標本ケースが、ずらりと並んでいます。かび臭い白衣をまとった講師が、1つ1つを指差しながら、鼻髭の下で口をもごもごと動かして、蝶の学名、原産地、羽の紋様などを説明します。あ、後ろの方の生徒はもう深い眠りに落ちています…。

　昆虫学者志望ならいざ知らず、いきなりこんな講義から入る必要はないでしょう。蝶について知りたければ、花咲き乱れる春の野辺に行けばいいのです。そこで舞い飛ぶ蝶たちを追い、帽子の中に捉えてみる。指の先にこのはかない生き物の生命を感じてみるのです。精妙な羽の紋様、そのわななき。美しさとかれんさを十分に鑑賞したら、ピン止めになどせず、再び空に帰してやる。

　英文法の学習も同じです。文法学者にでもなるつもりでなければ、ネイティブ・スピーカーでも知らない例外的規則の収集に必死になることはありません。英語を使うために欠かせない、限られた数の基本的ルールを、しかし、いつも使えるような形で習得するべきです。例えば、次のような問題です。

日本語の意味になるように（　）に適語を入れなさい。

彼の息子は5月1日の朝に生まれた。
His son was born (　) the morning of May 1.

　答えは on ですが、大切なことは正解の on だろうと、間違えて in を入れようと、センテンス全体がさっと口から出てくるかどうかです。「え、こんな基本的な問題を間違えていいの？」と言う声が聞こえてきそうです。しかし、センテンス全体がばね仕掛けで出てくる回路さえあれば、正しい文法に修正することは簡単です。

　逆に、ネイティブ・スピーカーでも知らないような、例外的事項にいたるまで文法規則を知り尽くしていても、中学程度の英文が口からばね仕掛けのように出てこないなら、その知識は死んでいます。ちょうど、標本ケースの中でピン止めになった蝶たちのように。もし、こういう状態であるなら、英語を使うための「運用文法」ではなく、「規範文法」の囚人になっているということです。規範文法はこれはこう言ってはならない、そこにはこういう例外規則を適用しなければならない、などといった禁止条項でいっぱいです。これをしちゃいけない、あれをしちゃいけないといった教えられ方をすると、学ぶものは萎縮し、徐々に意欲が薄れていきます。また、規範文法の迷宮に一度足を深く踏み入れてしまったら、脱出するのは困難です。そこには、数え切れないほどの例外事項、微細な規則が存在し、全部を覚えきることなど到底不可能だからです。

　英語を駆使する力を身につけたい方は、基本的なルールを、使えるような形で学んでいきましょう。つまり、「運用文法」を身につけるということです。基本的だが応用自在な「運用文法」を習得してし

まってから、必要に応じて、細かなことや例外的なことを覚えていけばいいのですから。

3 文法学習の進め方

文法学習は短文暗唱＝瞬間英作文トレーニングのバリエーション

　私は、英文法の学習を、英語を使いこなすための「運用文法」の習得として位置付けています。そこで、自分のメソッドの中では、文法の学習を短文暗唱＝瞬間英作文トレーニングの中に組み込んでいます。教材としては、解説が割と詳しいいわゆる「参考書型問題集」を使用します。これを短文暗唱のトレーニングの経過につれ、3ステージに分けて使うのです。

① 中学英語レベルの文型が身についた後、高校入試用文法問題集
② 中学以降のレベルの文型・構文の学習と並行して大学受験用文法問題集
③ 必要に応じて、TOEIC，TOEFL用文法問題集

　文法の学習を分厚い文法書で行うのは非効率的です。文法書にはありとあらゆる知識が網羅されていますから、あくまで参考書として使用するのがいいと思います。また、文法の問題集を使うと、短文暗唱＝瞬間英作文とは異なる角度から英語を使う上での重要点に焦点を当てることができます。

　短文暗唱＝瞬間英作文は、文の瞬間的な立ち上げ能力を最大の目的とするので、同じ文型を連続して暗唱します。そこで、機械的な流れが生じ易くこまかな点が意識の網を通り過ぎてしまうことがままあります。例えば、mustとhave toとを別々に連続的に練習していると、次のような問題をぱっと出されると戸惑うこともあります。

問題　日本語の意味に合うように（　　）内の正しい語句を選びなさい。

彼女は部屋を掃除する必要はありません。

She（must not, doesn't have to）clean the room.

　文法問題集を使うことによりこうした点にしっかりと意識のスポットライトを当てることができるのです。ステージごとにもう少し説明してみましょう。

第1ステージ●高校入試問題集

　短文暗唱＝瞬間英作文、音読パッケージなどで中学英語の文型がほぼ身についた段階でこのレベルの英語の仕上げとして用いるのがいいでしょう。こまかな点など落としていたポイントが拾い上げられ、意外な発見をするでしょう。

　私は中学時代、音読パッケージの原型のような学習をしていてかなりいい基礎力がつきつつありましたが、中学3年の時、文法問題集を有効に使う機会に恵まれました。当時、妹が近所に住む元中学の英語教師の女性に英語を習っていたのですが、母親に「受験だし、おまえも行けば？」と勧められ通い始めたのです。

　週1回の授業は、中学全体をカバーする薄めの文法問題集を淡々と解いていくというものでした。ただ、決して答えを出すだけでなく、穴埋め問題も、書き換え問題も、すべてセンテンス全体をしっかりと音読する形の授業でした。単調といえば単調なスタイルで、一緒に通い始めた友人はほどなくやめてしまいました。しかし、なにか感ずるものがあった私は、ひとりになっても授業を受け続けました。まあ、先生が美人ということもありましたが。

2カ月も通った頃から、私は自分の英語に起こりつつある変化に気づきました。雑然としていた知識に1本軸のようなものが入った感覚です。それまで、勘でこなしていたものもこれはこう言うんだ、という確信が持てるようになったのです。そこそこわかっているのに取りこぼしが多いという弱点がなくなり、実力試験などでも、常にほぼ満点が取れるようになっていました。しかし、テストの点が上がったなどということより、「俺は英語の基本がわかってきたぞ」という実感が得られたことが最大の収穫でした。この時の学習法が、私のメソッドにおける、文法問題集の使い方の原点になっています。

第2ステージ●大学受験用文法問題集

　高校、大学受験レベルの文法はかなり高度になり、かなり英語力のある人（TOEIC700台後半から800台）でも、欠落部分がある場合が多いものです。ある項目を薄めの文法参考書でざっと見ておくなどして、その項目について、参考書型問題集でまとめていき、最後に全体をサイクル法で完成させるのが一般的な方法です。また、よほどマニアックに文法を勉強するのでなければ、このステージで2冊ないしは3冊程度の問題集をあげてしまえば、文法のまとまった学習は終了です。本当にこのステージの学習が完成すれば、次の第3ステージは必要がないくらいです。つまり、高校入試用問題集1冊、大学入試用問題集2冊、合わせて3冊で一生英語を使っていくために十分な文法力がついてしまうということです。

　私がこのレベルの文法を学んだのは高校3年の12月からです。私は、高校時代一切学科的勉強というものをしていませんでした。ほとんどやらないということではなくて、文字通りゼロでした。教科書はすべて学校に置きっ放しにしていました。私が通った高校は、神奈川

の学力的にはどうということもない県立高校でした。いわゆる主要5科目はそこそこできた私は、入試の総合点は上位でした。1年の1学期に受けた実力テストでは、中学時代の余力で、得意の英語や国語は、学年でトップクラスだった記憶があります。しかし、そういった学習態度のため成績はたちまち下落し、卒業時には4百数十人中、ビリから数人目という体たらくでした。ただ、本人は、「俺より下の奴って誰なんだ?」という風に悪びれる様子もありません。ただ、自己弁護をさせていただくと、無気力な少年だったわけではありません。好きなことを楽しく、懸命にやっていたのです。私が高校時代にやったことは、本を読むこと、詩を書くこと、そして部活動の柔道の3つでした。そしてそれだけで私は手一杯だったのです。

　高3の12月に勉強を始めたものの、甘えた話ですが、現役で合格する気持は無く、はなから一浪する計画だったのです。高校の勉強はまったくしていなかった私ですが、英語に関しては中学英語、つまり英語の基本が身についているという自負を持っていました。その基礎力を支えにして、大学受験レベルの英語も数カ月でマスターできる胸算用でした。そんな、甘い話はないだろうと考える人が多いでしょう。中学英語程度の下地で、高校時代に3年もブランクがあって、そんな短期間に大学受験レベルの英語が身につくはずがない、と思うのも無理はありません。

　結論から言いましょう。本当に数カ月で大学受験レベルの英語力はクリアしていました。高3の11月頃に受けた大手予備校の模擬試験で、英語の偏差値は40台後半でしたが、翌年の夏明けの同じ予備校の模擬試験では70台の半ばになっていました。自慢話めきますが、私が言いたいのは、**中学英語さえ本当に身についていれば英語力は短期間にいくらでも伸びる**ということです。

この時期に私が学習したのは、英文法と英文解釈＝精読です。英文法の学習に使用したのは、灘高校の先生による参考書型問題集。それをあげてから、旺文社の「英文法標準問題精講」（原仙作著）。この2冊だけです。この2冊を、次の「文法問題集の使い方の実際」で紹介する方法で完成させたのです。それだけで十分でした。また、私が集中的に文法を（精読もそうなのですが）学習したのは大学受験期が最初で最後、その後まとまった形で文法の学習をしたことはありません。そして生来飽きやすく持続性のない性格のため、受験勉強を真面目にやっていたのは、浪人の夏まででした。その後はまた本を読み出したり、ボクシングやキックボクシングの観戦にうつつをぬかすようになったからです。

　つまり、私が受験英語をつめて学習していたのはせいぜい7、8カ月で、文法に絞れば半年足らずです。その短期間内に必要十分な英文法を身につけたということになります。これは、特殊な例ではなく、さまざまな英語習得本で酷似した体験を聞きます。実際のところ、文法・構文は英語の学習の中でももっとも早く仕上がってしまうもので、中学英語がマスターできていれば、一生英語を使っていくのに必要な英文法の基本は、1年前後で身につけられるはずです。

第3ステージ●TOEIC, TOEFL 用文法問題集

　TOEIC、TOEFL の文法問題は大学受験レベルの文法を終えただけでは太刀打ちできないと訴える人が多いものです。確かに、TOEIC、TOEFL の問題は、これは仮定法の問題だな、これは分詞構文だなとわかるようには鍵となる文法項目が歴然とは示されていません。1つの設問文の中に、3単現のSのようなごく基本的事項から、仮定法過去完了のような難解とされるものまでが、何気なく結合

されて使われています。

　しかし、実際には大学受験レベルの文法が本当に身に付いていれば、特にこれらのテスト用の文法問題集を解く必要はありません。TOEIC、TOEFLの文法問題を苦手にする人がよく訴える症状は、「どの文も正しく見え、どこに間違いがあるのかわからないし、時間内では問題が解けない」というものです。私はこの「解けない」という表現に違和感を覚えます。文法の問題は数学の問題や、パズルではありません。**文法問題は「解く」のではなく「反応」すべきもの**なのです。

　例えば、日本語で、「その庭**へ**たくさん花が咲いています」というセンテンスを読んだり、聞いたりすれば、即座に違和感を覚え、「その庭**には**」を間違えたのだなと反応することができるでしょう。英文法を適切な方法で身につければ、英語においても同様な反応をすることができるようになります。問題は、受験英語では出題の仕方、悠長な解答時間のために「解く」方式の学習でもなんとかなってしまうことです。本当の文法力をつける人は実はこの時点で「反応」する能力をつけてしまっています。しかし、問題の簡単さゆえに、受験レベルでは、差がつきにくいということが、非現実的な文法学習法を見過ごしてしまう一因だと思います。

　TOEICの対策本などを見ると、よく、TOEICで高得点を取るためには、101〜160の問題は30分以内に解いてしまい、それ以降の読解問題に十分な時間を確保することが必要であると説かれています。実際には、反応的に文法問題に対処できるようになると、その半分程度の時間で解答できるようになります。

　大学受験レベルまでで、反応できる文法力を身につけそこね、また、いまさら大学受験用の問題集に戻るのはいやだという人は、中学

英語は身についているという条件で、どうぞ TOEIC や TOEFL 用の文法問題集を使ってください。ただ、次項「文法問題集の使い方の実際」で紹介する方法を採用してください。

　私は大学受験を終えて 6、7 年後、TOEFL を受験する前に、TOEFL 用問題集を購入してみました。TOEFL の文法問題は難解で、大学受験レベルの文法力では太刀打ちできないという風評を聞いていたからです。ところが、実際に問題に当たってみると、どうということはありませんでした。これなら特別勉強する必要もないなと、その問題集をやるのはやめてしまいました。本番のテストでも上出来でした。もっとも私はマニアックに文法（まあ、なにごとにおいてもそうなのですが）をやるタイプではないので、微細な文法は知りません。'97 年に TOEIC を受験した際にも 985 点で、満点は取り損ねたのですが、文法問題を 1 問か 2 問落としたのだと思います。しかし、文法をやり直そうという気にはなりませんでした。また、自分の教室の授業で使うために、旺文社の「精選英文法・語法問題演習（シリウス）」を買い、まず自分で解いてみた際も、全部で 1,400 題くらいのうち 30 問ほど間違えました。結構穴がありますね。それでも、英語を使う上で文法力の不足は特に感じないし、TOEIC でも満点近くが出るものなのです。まあ、気楽に構えてください。

4 文法問題集の使い方の実際

　基本レベルの大学受験用問題集を例にとり、文法問題集の使い方を実際に見てみましょう。

　仮定法の章を開くと次のような問題が並んでいます。問題はすべて穴埋め式です。

1．If it （　） now, we would play catch.
　　a. does not rain　　　　b. were not raining
　　c. had not rained　　　 d. would not have rained

2．I did not know her phone number. If I had known it, I （　） her.
　　a. would have called　　b. will call
　　c. had called　　　　　 d. would called

3．When a pretty American girl spoke to him, he wished he （　） English.
　　a. is able to speak　　　b. could have spoken
　　c. can speak.　　　　　d. could speak

4．He knew little about electronics. But he spoke as if he （　） an expert.
　　a. has been　　　　　　b. will be
　　c. were　　　　　　　　d. should have been

129

5. (　) he studied harder then, he would not have failed in the exam.

　　a. If　　　b. Had　　c. Were to　　d. Has

　　　　　　　　　　・
　　　　　　　　　　・
　　　　　　　　　　・

① **考え込まず、わからなければすぐに解答・解説を見て理解・納得する**

　文法問題にあたるとき長考するのは止めましょう。数学の問題やパズルではないのですから。わかるのだけど語句の結合などに手間取っているならともかく、さっぱりわからないときには、考えるだけ無駄です。自分で新しい文法ルールを考え出そうとしても無駄です。1問あたりせいぜい、10秒前後というところで切り上げ、解答を見て答えあわせをして、しっかりと理解・納得してください。例えば、1.の答えはb.ですが、それだけを確認して、淡白にすっと次に進まないでください。

　解説を読み、この文は、「今、雨が降っていなければ、キャッチボールをするのになあ」という意味の現在の事実に反する思いを述べていることを理解します。その場合、if節内では動詞・助動詞の過去形を用います。また、進行形を使っていて、そのときのbe動詞が、主語が単数のitにも関わらず原則通りwere　になっていることも見落としません。このように、**問題解きには時間を掛けず、しかし理解・納得は丁寧に行います。**

② 焦点となる文法的ポイントをセンテンスごと刷り込む

　解説を読み、理解・納得する①の作業は学校英語・受験英語の学習でも、きちんとした勉強をする人はほとんどやっているでしょう。しかし、この②の作業は見過ごされている場合がほとんどです。理解・納得した後で、必ず知識を肉体化するステップを忘れないでください。

　理解したら、**そのまま次の問題に進まずに、必ず、設問のセンテンスを文法ポイントに注意を払いながら数回センテンスを音読した後で暗唱します。**

　例えば、設問 2. の（　　）に入る語句は would have called ですが、解説を読み、「過去の事実に反することを言う場合、主節では、助動詞の過去形＋have＋過去分詞を用いる」というルールを頭でよく理解しただけでは不十分です。もちろんそれは必要なステップですが、文法をマスターするための第一段階に過ぎないからです。これだけで済ます学習を続けていても、問題を時間をかけて解くことはできるようになりますが、TOEIC や TOEFL のようなスピードを要するテストには歯が立たないし、なにより文法を使いこなせるようにはならないのです。

　設問 2 については、理解した後、助動詞＋have＋過去分詞のルールに則った、（　　）内の would have called に注意しながら、まず、テキスト見ながらセンテンスごと音読します。文法ルールだけを覚えさえすればいいと断片的語句だけを口にするのではなく、ポイントになる文法ルールを含んだセンテンスそのものを唱えることが、使える

英語を身につける最良の方法なのです。

　センテンスが口になじんだら、テキストから目を上げて暗唱してください。よく理解しながら、「あー、電話番号知ってたら電話したのに（ちくしょー、あたらチャンスを逃がした）」というように発話実感を込めて 1、2 回言えたらそれで結構です。短文暗唱＝瞬間英作文と同じ方法ですね。私が文法の学習を、短文暗唱＝瞬間英作文のラインに組み込んでいるゆえんです。また、この時センテンスをぶつぶつ言いながら書いてみることもお勧めします（特に第 1 サイクルでは）。書くことは刷り込み効果を深めてくれます。私は受験期には 1 センテンスを 3、4 回紙に書きつけ、非常に効果がありました。

　①、②の両ステップを踏んでも、無駄に長考をしませんから、1 問あたりの時間は大してかかりません。このようにして、問題を消化して行き問題集全体を 1 回終えてしまいます。

⬇

③　サイクルを回す

　問題集を一通り解いただけで終わりにしてしまう人も多いものです。②の口に落ち着ける作業も行わず、さらに 1 回りだけで終了してしまうなら、何十冊の問題集を解こうと文法が本当に身につくことはないでしょう。食べ物を 1 回だけ噛んで、吐き出しているようなものだからです。

　さて、我々は第 2 サイクルにかかるとしましょう。同じ要領で、①問題をスピーディーに解き、理解・納得し、②センテンスごと声を出して刷り込む作業を繰り返してください。第 1 サイクルよりはるかに速く進むでしょう。第 2 サイクルが終われば第 3 サイクル。続

いて第4、第5サイクル。5回目のサイクルともなると所要時間は第1サイクルの十分の1程度になっています。もう瞬間的に答えが出るようになっているでしょう。センテンスも簡単に暗唱できます。こうなれば、その問題集はあがりです。

　次に2冊目の問題集にかかります。もう、第1サイクルからスピードが違います。問題の正解率は90パーセント前後でしょう。どんな問題集を使おうと、扱っているのは英文法です。本によって英文法が異なるはずなどないからです。サイクル回しもあっという間に終わります。3冊目？果たしてやる必要があるでしょうか？

　私自身は2冊の問題集で終わりにしました。1冊目を4ヶ月ほどかけてマスターし、2冊目は1ヵ月ほどだったと思います。3冊目はやる必要がないというのが感覚的にわかりました。どんな文法問題集だろうと即座に答が出たし、何よりも、文法が感覚的に身についたという実感を得たのです。

　具体的に言えば、例えば「あの時〜ならば、〜したのになあ」という文を考えれば、if節の過去完了、主節のwould＋have＋過去分詞の3点セットがさっと口に出てくるようになっていました。また、文法的におかしい文を見たり、聞いたりすれば、違和感を覚える体質もできあがっていました。もちろん、私が知らない珍奇な知識や重箱の隅をつつくような規則がうんとあることはわかっていました。しかし、私はもとより完璧主義からは程遠い人間です。「だから何？」という感じでした。

この時を限りに、現在に至るまで、私は腰を据えた文法の勉強をしたことはありません。大学受験レベルの文法の学習を開始したのが高3の12月、翌年の6月前には終了。方法さえ誤らなければ一生英語を使っていくための英文法の基礎は半年足らずでマスターできるのです。

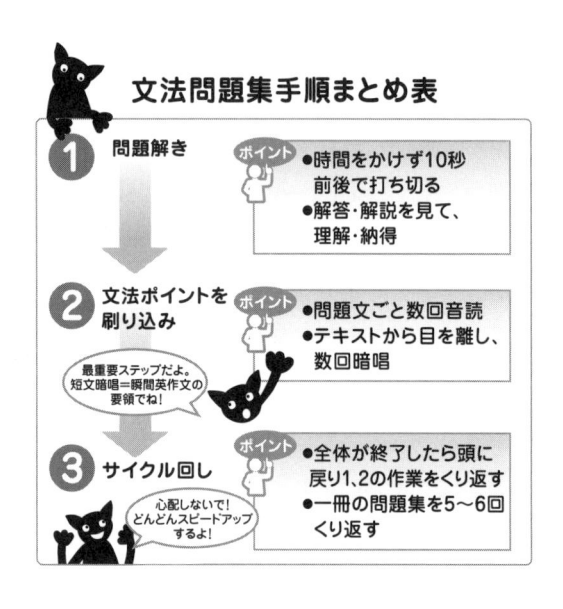

文法問題集手順まとめ表

1 問題解き
ポイント
- 時間をかけず10秒前後で打ち切る
- 解答・解説を見て、理解・納得

2 文法ポイントを刷り込み

最重要ステップだよ。
短文暗唱＝瞬間英作文の
要領でね！

ポイント
- 問題文ごと数回音読
- テキストから目を離し、数回暗唱

3 サイクル回し

心配しないで！
どんどんスピードアップ
するよ！

ポイント
- 全体が終了したら頭に戻り1,2の作業をくり返す
- 一冊の問題集を5〜6回くり返す

5 上達の過程での適用

　短文暗唱、音読パッケージなどで中学レベルの英語がだいたい身についた段階で、第 1 ステージとして高校入試用文法問題集を 1 冊やります。ただ、比較的力のある人はこの第 1 ステージは省いてしまってもいいでしょう。

　中学英語をマスターした時点で、第 2 ステージとして大学受験英語用問題集を 2、3 冊やります。この段階を終了してしまえば文法のまとまった学習は終わりです。

　文法に弱点があり、第 2 ステージで取りこぼしがあった人は、第 3 ステージとして TOEIC、TOEFL 用文法問題集を 2、3 冊仕上げるといいでしょう。いずれにしても、文法の学習は英語学習の中でももっとも早期に終わってしまいます。

4 精読

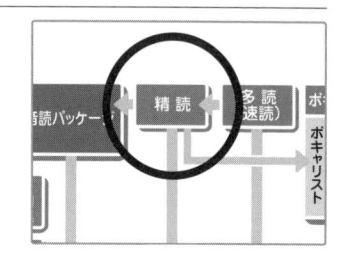

1 精読の重要性

　精読は、推測や勘に頼らず、**英語を、英語の構造、レトリックそのままに正確に理解する力**を培うために行います。これはブロークン英語で満足しない限り、読解にとどまらず、英語を聴く、話す、書くための大前提になる力です。ですから、英語の学習のごく初期、初めてセンテンスを扱う時から精読は始まります。例えば、一般的日本人なら中学1年のテキストでスタートしているはずです。「はず」と言ったのは、実情を見ると、このレベルからすでに精読がおろそかにされているからです。私の指導経験では、高校生でも中学2年の英語テキストを自力では正確に読めない学生が多いのです。

　昨今、同時通訳式読解法やらパラグラフ・リーディングやらとさまざまな速読法が宣伝されていますが、基礎的な精読ができない学習者がいきなりこうした方法に飛びついても、にわかに英文が正確に速く読めるようになるとは考えられません。速読は、ゆっくりでも精読ができるようになった人が自然にその読みのスピードを上げることによって獲得できる読み方だからです。一文ずつ時間をかけて正確に読み取れない人が、大量の英文になるとすいすいと読みこなせるということは起こり得ません。精読か速読かという議論も本来、無意味だと思います。外国語である英語を初心者が初めから速読できるはずはな

く、わずかな英文でも、まずは構文・文法を意識しながら、わからない単語は辞書で調べながら丁寧に理解するところから始まるからです。やがて、構文・文法が頭で考えなくても瞬時に感覚的に分析できるようになり、語彙も増えて英文中の未知の単語が少なくなった時、初めて速読へ移行できるのです。

　確かに、速読・多読は高度な英語力をつけるためには必須です。しかし、そのスタートはゆっくりであろうと、英文を正確に理解することであるのを忘れないでください。大学受験で質の良い勉強をしている学生や一般の学習者の中には、しっかりとした精読をしていて、高い読解力を持っている人が少なくありません。しかし残念ながら、その段階では彼等の多くは大量の英文をスピーディーに読みこなすことはできず、もちろん会話もできません。しかし、これは読解力があるために英語の実用能力を伸ばすことが阻害されているわけではありません。単に、優れた読解力を速読をはじめとする実用能力に変換するためのトレーニングが欠けているだけなのです。

　正確な読解能力は高い英語力の前提です。私は、指導者としての経験から、その人の読解力でどのあたりまで英語力が伸びていくかが大体予想がつくようになりました。この点で、大学受験の勉強をしっかりとやり英語が得意科目だった人は、精読の基礎ができているものです。同時にある程度の語彙力が備わっていると、新しいことを学ばなくとも、知識を活性化するトレーニングをするだけでTOEICの800点台に到達できるでしょう。さまざまな批判のある受験英語ですが、付焼刃ではない腰を据えた勉強をした人には確実な基礎を身につける機会となるのです。

精読から速読へバトンタッチ！

2 精読と速読の融合＝精速読

　受験勉強の英文解釈などで精読を行うこと自体にはまったく問題はありません。それどころか、外国語としての英語を学習する際の正攻法であり、通るべきステップです。しかし、精読の効用が疑われ軽視されることがあるとすると、その原因はどこにあるのでしょうか？それは、精読をしっかりしても、次の段階で複数のトレーニングを組み合わせることができないことにあります。このため、せっかくの精読力を総合的な英語の実力の向上に生かせないのです。

　例えば、適正なウェート・トレーニングは、あらゆるスポーツにおいて有効です。しかし、目的とするスポーツに合ったウェート・トレーニングを行わなかったり、そのスポーツの練習を行わずウェート・トレーニングだけをしていれば、パーフォーマンスが向上しないのは当然です。だからと言って、ウェート・トレーニング自体が有害であったり、無用のものというわけにはいかないでしょう。基礎体力や筋力は運動をする上での前提になるからです。精読を軽視する思考には似たようなトレーニングプランの欠如、思い違いがあるように思えます。

　精読と隣接するトレーニングが速読・多読ですが、精読を熱心にやりながら速読への移行がうまくいかない学習者が多いものです。精読をある程度やり正確な読解の基礎を身につけたら、速読・多読へ移るか、並行して行うのが、実用に足るリーディング能力を培う方法です。

　こうした学習を続けていると、ある時点で精読と速読が融合し、速く楽にかつ正確に英文を読む、いわば**精速読**ができるようになります。この精速読こそが学習者が1日も早く獲得したい能力なのです。

精速読ができるようになると、英語の本、雑誌、新聞などを読むことはもはや学習・トレーニングではなく楽しみになります。それでいながら、読めば読むほど雪だるま式に英語力はついていきます。また、日本語の本を読むときのように、全体をスピーディーに読んでいきながら、重要な個所や難解な部分だけを必要に応じて速度を緩め丁寧に読むというように緩急自在になります。しばらくすると、じっくり読む必要がないものは流し読みをして、必要な情報だけをすくい上げるスキミングも自在にできるようになります。私が受験した'97の7月のTOEICは、161番以降の問題にまとまった英文が非常に少なく、ほとんどスキミングで答えを出していきました。TOEFLしか知らない私は、いつしっかりした長文が出てくるのかと思いながら片っ端からスキミングで解いていったのですが、いつの間にか最後の問題が終わっていました。その時点では40分近くテスト時間が余っていた記憶があります。

　私のところに学習法の相談に来た初心者レベルの人に、いきなり、スキミングの方法を教えるよう頼まれて驚いたことがあります。TOEIC対策本で、TOEICのリーディング問題にはスキミングが有効だと知ったそうです。残念ながら、速読もスキミングも、それだけを個別に習得することはできません。そうした技術は正確な読解を土台としており、あくまでもその延長線上にあるもの、派生的なものだからです。

第 2 章 英語トレーニング法　❹精読

3　旧式の精読法

　さて、効率的な精読トレーニングを紹介する前に、比較のために旧式の精読法の実例を挙げておきましょう。私自身が大学受験時代に行った英文解釈の方法です。旧式と言いましたが、現在でも真摯な学習をする受験生が同様の方法で英文に取り組んでいるかもしれませんし、本質的に問題のある方法ではありません。旧式と呼ぶのはあくまでも比較の問題からです。

　高校3年の時、私は大学受験雑誌の中で、興味深い合格体験記に出くわしました。それは、苦手な英語を克服し、大学に合格した関西在住の受験生によるものでした。その受験生は、英語が苦手で偏差値は40台、これでは合格はおぼつかないと一念発起して、旺文社の「英文標準問題精講」に取り組むことを決意、一夏で汗にまみれながらやり遂げ、偏差値を70台に引き上げ、見事志望校の同志社大学に合格したということでした。

　私はいたく刺激を受け、まったく同じことを実行してみることにしました。当時、劇画「明日のジョー」の力石徹のストイックな減量シーンに刺激され、ボクサーでもないのに減量を真似る連中がいましたが、似たようなノリでした。早速、本屋で「英文標準問題精講」を購入し、英文解釈に取り組み始めたのです。季節は体験記とは異なり冬でしたが、その他の点では、できるだけ同じ方法を踏襲しました。1つの長文（といっても200語程度のものが大半ですが）を自力で、辞書を引き、文構造を分析しながら、数時間かけて舐めるように読み解き、全訳を書き出すのです。その上で初めて訳を見て、解説を参考にしながら読み違いを正し、理解・納得していくのです。この作業にまた同じくらいの時間を要しました。こうやって精緻に読み解いてい

くと、200〜300 語程度の英文を 1 つ仕上げるのに最初は 4〜5 時間くらいかかっていました。それがまた、体験記通りだわい、と奇妙な充実感を与えてくれました。こんな方法で学習を続けて行ったのですが、完成するには体験記を上回り、3〜4 カ月かかってしまいました。しかし、私としてはほぼ体験記通りにプロジェクトを完了し満足感を味わったものです。そして、私が得た恩恵も体験記通りのものでした。高校 3 年の 11 月頃に受けた大手予備校主催の模擬試験の英語の偏差値は 40 台でしたが、翌年夏頃に実施されたその年度最初の模擬試験の偏差値は、70 を大きく上回っていたのです。

　私にとってこの精読トレーニングは絶大な効果をもたらしてくれました。このわずか数カ月の期間に精読の基礎が完成したからです。実のところ、これ以降、私は精読の学習は一切やっていません。読みに関しては、速読・多読に移り、好きなものを好きなように読んでいっただけです。

　ただ、この方法がすべての人に私にもたらした成功を約束するものとは言えません。まず環境面。当時の私にはふんだんに時間があったこと。私は高校 3 年の 12 月にこの学習に乗り出したのですが、年が明けてからは自由登校になりほとんど学校に通う必要がなく、浪人生となってからは、起きている時間すべてを使えるお気楽な身分だったのです。忙しい社会人の方などには望むべくもない環境でしょう。次に、なにがなんでも自力で読み解こうとする志はいいのですが、時間的にも、エネルギー的にもかかる負担が大きすぎます。また、教材の選択の問題があります。私が使った、「英文標準問題精講」は英文学作品や評論、エッセーなどを抜粋したものですが、使われている英文はいかにも難解なものが多いのです。私はこのタイプの文が必ずしも嫌いではなくなんとか完成しましたが、すべての学習者にお勧めする

ものではありません。

　現在では、はるかに効率的で負担の軽い精読トレーニングを用いることにしており、生徒の指導にも、自分の第2外国語であるフランス語の学習にも大きな効果を上げています。それでは、次に「効率的精読トレーニングの手順」を紹介します。

4 効率的精読トレーニングの手順

① 短時間で自分なりに英文を分析、意味取りする

　私が実践したような旧来の精読では、どんなに難しい英文であろうと、自力で読み解こうと、辞書と首っ引きで、場合によっては数時間でも粘ったものです。しかし、現在私がお勧めするのは、この作業を比較的淡白にすませることです。ある程度自分なりに文構造の分析をして、英文の趣旨、意味取りをやってそれで終わりです。旧来の精読法で数時間かけていた作業を、10分から20分程度で切り上げてしまいます。それから②のステップに移ります。

⬇

② 説明、解説の力を借りて理解する

　自分なりの読解でおぼろなりとも英文を理解したら、あまり粘らず、指導者の説明を聴くか、テキストの解説、日本語訳を参考にして正確に英文を理解します。文の構造、各単語の意味、使われ方、英文の趣旨を完全に理解してください。知らない単語の意味を調べるために辞書を引くのは主にこのステップにおいてでいいでしょう。英文の構造・意味が判然としない段階で辞書を引くと、各単語にさまざまな品詞・意味があり、どれが適切な語義かさっぱりわからないことがあるからです。適当な意味を選んで切り貼り細工していくと、多くの受験生が解答用紙上に披瀝してくれる前衛詩のような意味不明の日本文が出来上がります。また、このステップで**単語リストを作成**してボキャビルを行うと、使用されている単語を取りこぼしなく覚えることができます。

⬇

③ トレース読み

　精読の仕上げは「トレース読み」です。これは trace から名づけた方法で、指導者の説明やテキストの解説で理解した文を、少し時間的間隔を開けて、同じように分析、理解して読んでみる復習法です。説明を聴いたり読んだりして理解した英文は、その時理解したつもりでも、それっきり放置してしばらくたって読んでみると、さっぱりわからなくなってしまっていることがよくあります。自力で読解したものではないからです。

　訪れたことがない場所に人に案内されて、あるいは車なら助手席に乗って行った場合、その時は道順を覚えたつもりでも、しばらくして自分ひとりでそこへ行ってみようとすると、「はて、この先はどう行くんだっけ？」と途方にくれることがあります。道筋を辿っているつもりでも、実際には先を行く人についていったり、助手席にぼんやり座っていただけで、道順が深く頭に刻み込まれていなっかたからです。しかし、道案内されてすぐ、記憶が鮮明な頃に自分ひとりで同じ道順を歩いたり、車を運転したりしてみると、主体的行為のため、道筋が記憶に定着して、その後はいつでもその場所に1人で到達できるようになるものです。

　英文の読解にも同じことがあてはまります。他人の説明を受けて英文を理解した場合、その読解はまだ仮のもので、自分のものになっていません。そのまま放置してしまえば読めなくなってしまう可能性が高いのです。本当の理解にするためには、あまり時間を置かずに説明された通りの読解を行います。そうすれば記憶がまだ鮮明ですから、容易に読解の道筋を辿ることができます。仮におぼろな個所がでてきたとしても、この段階なら、質問をしたり解説を読み直すことによって、完全な読解を取り戻すことができます。この後、もう1、2回程

度トレース読みを繰り返せば、その文は完全に自分のものになります。トレース読みも私のメソッドの基本手法であるサイクル法のバリエーションです。

　以上の方法を使えば、①〜③のステップを踏んでも、頑なに自力で英文を読み解く旧来の精読法より、時間の点でもエネルギーの点でも負担が軽く、効果的であることを体感していただけると思います。

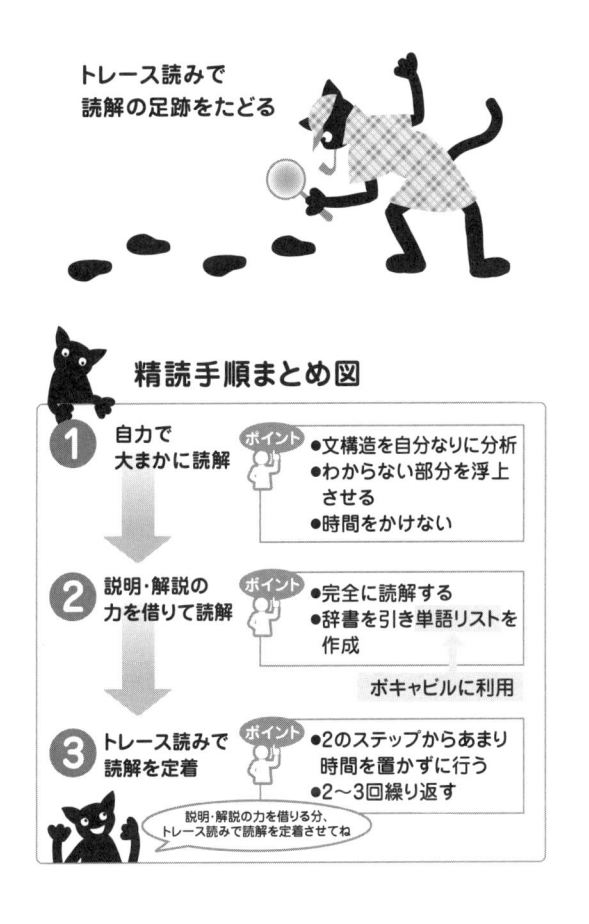

**トレース読みで
読解の足跡をたどる**

精読手順まとめ図

❶ 自力で大まかに読解

ポイント
- 文構造を自分なりに分析
- わからない部分を浮上させる
- 時間をかけない

❷ 説明・解説の力を借りて読解

ポイント
- 完全に読解する
- 辞書を引き単語リストを作成

ボキャビルに利用

❸ トレース読みで読解を定着

ポイント
- ❷のステップからあまり時間を置かずに行う
- 2〜3回繰り返す

説明・解説の力を借りる分、トレース読みで読解を定着させてね

5 上達の過程での適用

　英文の構造・意味を正確に把握するという意味では、入門期の最初のセンテンスですでに精読は始まっていると言えます。しかし、まとまった量のやや難しめの英文を読み解く本格的な中学英語がほぼ身についた頃が最適です。TOEIC で 400〜500 点のレベルでしょう。

　精読トレーニングはそれほど長くは続きません。一定の期間、一定の量の英文を正確に読み解いていけば、フィーリングで曖昧に意味を取る読みは排除され、英文を英語の構造、レトリックのままに取る習慣が身についてしまいます。私自身は大学受験期の数カ月だけでした。ある時期多読・速読（プレ多読）と並行して行い、速読体質への変化、ボキャビルによる語彙の拡大などに合わせ、自然に多読・速読一本へと移行していきます。そのタイミングは学習・トレーニングを続けていれば、おのずとわかるものです。

5 多読

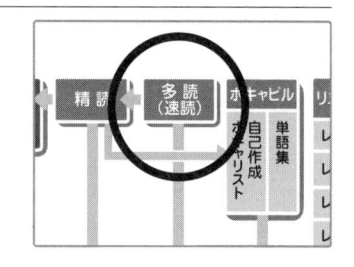

1 多読への誘い

1 ●英文解釈はできるが速読できない

　好きな英語作家の本を原書ですらすら楽しんで読む。これは、私が英語学習を始めた最大の目的の1つでした。当時の私と同じ夢を共有する人は多いでしょう。お気に入りの作家のお気に入りの作品を、長椅子にもたれながら、あるいはベッドに寝転がって翻訳を介さず原書で楽しむ。読書好きにはまさに悦楽です。

　大学受験を終えた私は、さあ、好きなものを好きなように読むぞと、早速挑戦してみました。形だけはイメージどおりベッドに寝転んで。まず、ネイティブ用の一般のペーパーバックは語彙不足で沈没。わからない単語群がラインダンスを踊っている状態でした。「約5,000の基礎単語でどんな英文もその90パーセントが構成される、ゆえに細部を除きほとんど理解できる」というどこかで聞いたご託宣はなんだったんだ。しかし、まあこんなものかなと、あまりショックはありませんでした。受験英語のレベルと本当の英語力の間にはそれなりの距離があるものだと達観していたのかもしれません。数日おいて、今度は単語のレベルが英語学習者に制限された簡単な読み物に切り替えてみました。「江戸の敵を長崎で討つ」という感じでしょうか。

　ところが、結果は芳しくありませんでした。知らない単語はほとん

どないものの、すらすら読むという状態からは程遠かったのです。大学受験時代、得意科目は英語の中でも、特に読解力は最も自信を持つ部分でした。今から振り返っても精読の仕方をしっかりと身につけ、正確な良い読みだったと思います。実際、私は大学受験以降、独立した精読のトレーニングを一切やっていません。

しかし、私の読解はいわゆる英文解釈一辺倒で、正確だが、舐めるようにゆっくりと読むというスタイルでした。短い英文を、時間をかけて分析的に読むことはできるのですが、英文の流れに乗る術は知らなかったのです。そもそも、1ページめくるとまた英語、次も英語、英語だけが延々と続いていく1冊の本を読み上げるなどということは受験勉強では経験していませんでした。英文解釈と、快刀乱麻を断つごとく英語の本を読みこなすというのは、次元の異なることなのだと思い知ったものです。まったく、基本動作を覚えただけでいきなりリングに上げられたボクシング練習生の心境でした。

この後、奮起してトレーニングを始め、また読書に関しては好きこそものの上手なれということもあり、数年後には英語の本、雑誌を楽しんで読むという夢はかなうのですが、最初は何事もほろ苦い思いを味わうものです。

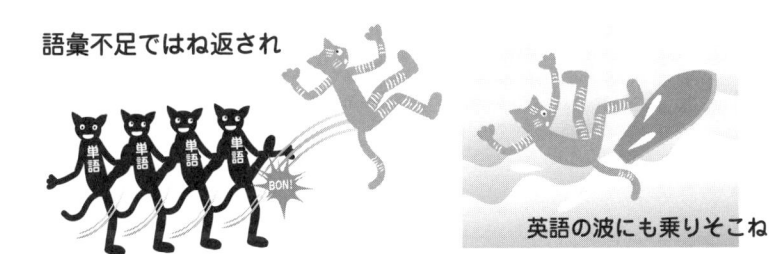

語彙不足ではね返され

英語の波にも乗りそこね

2●高度な英語力を支えるのは大量の読み

　日本人は自分たちの読解能力に関して、勘違いをしているようで、よく「読むことはできるのだが、会話はどうも」という英語力に関する自己申告を耳にします。しかし、これは現実を正確に表していない、縮尺の狂った比較論でしょう。実際には、「会話は手も足も出ないけれど、非常に簡単な英文ならおぼろに意味がわかる」というのが正確だと思います。私の例でもわかるように、一般的に日本人の読解能力が瞬間的にもっとも高くなる大学受験期でさえ、本当の読みには遠く及ばない状態なのですから。

　読めないことに嫌気がさして英語を読むことを敬遠したり、あげく「英語を読むなんて意味ないよ。英語ができるっていうのは話せるということだよ」と英会話一辺倒になるのは賢明ではないでしょう。少なくとも、ブロークン英語で満足するのではなく、きちんと英語を身につけたいならば。なぜなら、高い英語力の背景には必ず大量の読みがあるからです。例えば、英語のプロ中のプロである同時通訳者は、その完璧なリスニング能力と見事なスピーキング能力ばかりが強調されますが、その裏で膨大な量の英語を日常的に読んでいるのです。プロの同時通訳の中で、英字新聞が読みこなせない人や、生涯に英語の本を1冊も読んだことのない人など1人もいないでしょう。

　同時通訳のレベルまで至らなくても、ある程度高度なレベルの英語力を身につけるためには英語を大量に読まないわけにはいきません。時々、発音など技術的な面では申し分ないのに英語力があるところで止まってしまう人がいますが、たいてい読むことが嫌いで、英文の読みの量が少ないものです。そもそも、母国語の日本語の駆使能力でさえ、読書量の多い人とそうでない人との間には差があるものです。そこそこの英語力で満足したくなければ、活字嫌いを返上してどんどん

英語を読んでみましょう。

多読が英語力を支える

3●どのように多読（速読）に入っていくか？

意気高く多読（速読）の海原に船出して、私の経験のようにいきなり座礁した人も多いでしょう。主な原因は次の3つです。

① **まだ基礎的な構文・文法・基礎語彙などが身についておらず、早かろうと遅かろうと英文を正確に読むことができない。**
② **ゆっくりと正確に読むことはできるが、大量の英語を流れに乗りスピーディーに読めない。**
③ **語彙不足。知らない単語が多すぎて読めない。**

まず、①の基礎力不足ですが、これは単純に多読（速読）に乗り出すには時期尚早ということです。もう少し、英語力がつくまで、多読（速読）を始めるのは待ちましょう。他の基礎トレーニングでまず体力をつけることです。読みは精読だけに絞ってください。多読（速読）を開始する時期は TOEIC で 500〜600 くらいになってからがいいでしょう。

基礎力を蓄えた学習者にとって、②の速読能力の欠如と③の単語不足の2つが多読を妨げる要因として残ります。速読能力をつけるためにはどんどん英語を読むのが特効薬ですが、語彙力がなく読めません。ボキャビル（語彙増強）に精を出しながら、読みは精読だけに専念し、多読を開始するのは十分な語彙力を持つまで引き延ばすべきでしょうか？

　ネイティブ・スピーカー用に書かれた、一般の英字新聞、雑誌、本などをいちいち辞書を引くことなしに読むには、少なめにみて1万語を越える語彙が必要です。私の例（ボキャビルの項参照）のように一挙に語彙力を上げるやりかたもありますが、通常の段階的なボキャビルでこの語彙力をつけるには、数年かかります。英語を学ぶ上で、多読（速読）から吸収することは計り知れないほど多いのです。この間、多読（速読）を行わないのは、学習上の損失が大きすぎます。また、速読をするためには語彙力だけでは十分ではありません。英文の流れに乗っていく能力が必要です。十分な語彙力がついてから多読（速読）を始めるのでは、英文解釈的なスローな読みから、波乗り速読への体質改善にまた時間を要してしまいます。

　私が勧めるのは、語彙などに制限のある学習者用の読み物などで、英文の流れに乗る体質をつけてしまい、並行してボキャビルも行い、十分な語彙力を持つに至ったら、ネイティブ・スピーカー向きの一般の読み物に移行していくことです。こうすれば、語彙が限られている期間でも速読体質を身につけられ、さらに多読による多くの副次的な効果を得ることができます。また、ボキャビルで十分な語彙力をつけた時点で、すでに文の流れに乗る体質ができているので、英文解釈から速読への体質改善期間を経ず、スムーズに語彙制限などのない一般の英文の多読へと移っていくことができます。

語彙制限などのある簡単な読み物を読むのは、制限のない英文を読むための言わば「**プレ多読**（前段階多読、準多読）」とも言えますが、効果はなかなかのものです。実際のところ TOEIC600 前後でこの「プレ多読」を開始する私の生徒のほとんどは、それだけで TOEIC800 台に入っていくし、860 以上のいわゆる A ランクに到達する人もいます。

多読の大海に挑む前に、
　　プレ多読のプールで準備

プレ多読

2 プレ多読の実践

1●どんな風に読めばいいのか

　プレ多読とは、外国語として英語を学ぶ学習者用に使用単語数を限定したり、単純な文に書き換えた読み物を数多く読んでいくことです。プレ多読は、このような制限のない原書やネイティブ・スピーカー向けの新聞・雑誌などを読むようになるための助走的な段階ですが、この段階中に英語を読む上での本質的な要素をあらかた吸収することができます。**もっとも重要なことは、英文の流れに乗って、スピーディーに読んで行くということです。**いわゆる速読能力です。

　速読能力を身につけるためには次のようなスタイルで気楽に読んでください。

① **完璧な分析、理解を求めず、6割以上わかれば良しとしてスピーディーに読む**

　英文解釈のように正確に読み解く必要はありません。ややこしい構文などは大まかにストーリー、話の流れがつかめれば十分です。わからない単語に関してもそれほど潔癖になる必要はありません。話のキーになる単語以外は極力辞書を引かず、前後関係で推測するか、飛ばしてしまっても構いません。

② **知っている話や、予備知識があるなどわかりやすいものを読む**

　あらかじめ大筋を知っている話や、自分がある程度知っていることは理解しやすく、読みのスピードが増します。よく知られている童話や有名な人物の伝記などがその例です。

③ **自分にとって、面白い、興味の持てるものを読む。飽きたら途中でやめる**

とにかく、面白く楽しく読めるものを選んでください。飽きたら、途中で投げ出して結構。うんざりしながら、100ページの本を数カ月抱え込むより、2、30ページで放り出しながら、1カ月で数冊に手をつけたほうが、読みの量は増えます。

大切なことは、1語でも多くの英語を読むことです。こんな風にしばらく続けていると、あら不思議、いつの間にかあなたは英語の波に乗っています。

波乗り速読開眼！

2●どんなものを読む？

プレ多読に適した教材にはこと欠きません。次のようなものを読むといいでしょう。

① **語彙制限本**

英語学習者向きに、有名な小説、童話、伝記などを、限られた語

彙で、簡単に書き直したもので、プレ多読の代表的素材です。**洋販出版の ladder シリーズ、PENGUIN READERS、HEINEMANN ELT などは**大きめの書店で簡単に手に入ります。

② **対訳本**

英語の原作の隣ページに対訳がある本で、語彙制限など特にありません。私は、小林秀雄が、翻訳を一節読んでから原書の対応する部分を読む方法を勧めたというのを加藤周一氏の著作経由で知りました。早速、原作と翻訳が 1 冊にまとまっている対訳本で始めてみました。当時は**南雲堂の対訳シリーズ**くらいしかありませんでしたが、アルバイト代をつぎ込んで 4、50 冊読みました。現在ではさまざまな対訳本が出版されています。変り種では漫画の対訳本もあります。

③ **学習・受験用長文テキスト**

高校のサブ・リーダー、高校入試用長文、大学受験用のごく基本レベルの長文、英検 2〜3 級の長文などがあります。学習教材だからといって英文解釈的な読みではなく、大まかにスピーディーに読んでください。

④ **英字新聞のウィークリー版**

学習者用に、難しい単語句の説明や、解説のついたものがあります。**週間 ST** などが代表格です。

3 プレ多読が終わったら

1●英文読書の大海原へ

　プレ速読の段階は延々と続くわけではありません。ある程度集中すれば、1年足らずで終わってしまうでしょう。それで英文の流れに乗る体質は出来上がってしまいます。後はボキャビルなどで語彙が増すのを待つのみです。徐々に語彙力が増すにつれ、一般の英語の本や、雑誌でも読めるものが増えていくでしょう。そして気がつくと、あなたは狭い入り江を抜け、大海原へと船出しています。この段階に至った人に、あれこれと指示もありません。「何を読めばいいのか？」などという質問は、「どんな女性（男性と）と付き合えばいいのですか？」「どんな趣味をもてばいいでしょうか？」と聞くのと同じくらいナンセンスです。気の向くまま、好きなものを好きなように読んでいってください。多読にはトレーニング的な窮屈さはありません。それなのに、読めば読むほど英語力は深まっていきます。また、精読の効果と相俟って、精読と多読が融合した、正確かつスピーディーないわば「精速読」（精読の項参照）ができるような段階がいずれ来ます。英語を読むことはこよなく甘美な営みです。特に従う必要もありませんが、先に英文読書の海に漕ぎ出した船乗りとして、アドバイスめいたことをいくつか申し上げましょう。

2●ペーパーバック

　ペーパーバックは軽いので、ベッドに寝転んで読むのにうってつけです。ベッドはいつも官能の宿るところ。もっとも、私がここで言っているのは、物語と言葉が与えてくれる光悦のことですけど。私は、読書の楽しみを覚えた6歳の頃から、本を読むのは寝転がってと決

まっていました。初めて読んだペーパーバックはブラッドベリの the October Country でした。陶然としました。次が映画「思い出の夏」の原作 the Summer of '42。これはあまり面白くありませんでした。映画の方がよかったですね。ジェニファー・オニール、きれいだったなあ。あとはモーム、ロアルド・ダール、テネシー・ウィリアムズ、日本語と同じく、脈絡のないまったくの乱読。23才から28歳までに100冊前後読んだのでしょうか?

　十分な力があるのに、何百ページもあるペーパーバックは、自分には読めないものと思い込んでいる人がいます。無用の謙虚さは捨てて、まずは1冊目に取り掛かってみましょう。難しいのは話の流れを掴むまで。後は、物語の面白さが引っぱっていってくれます。1冊目を読み終えた感慨は忘れがたいものとなるでしょう。3、4冊も読むとペーパーバックを読むペースがすっかり身についています。おまけに読解力も格段に上がっていることを保証します。TOEICや英検の読解パートの点を上げるために、いつまでも問題集を解いている人がいますが、つまらないことはおやめなさいと言いたくなります。そうした目的のためでも、カリカリと問題を解くより、ペーパーバックを1冊寝転がって読むほうがよほど収穫があるでしょう。

　アイルランド時代はダブリンの古本屋で3冊1ポンドなどという値段で買えるので、週に最低1冊のペースで読んでいました。英米文学のスター作家に、無名の三文ハードボイルド小説(意外に拾い物が多かったですけど)、果ては、「ポジティブ思考ですべて好転する」みたいな怪しげな啓発書に至るまで、乱読、淫読。そう、ナボコフやカポーティーなどがほんとに楽しんで読めるようになったのはこの時期でした。感激しました。3年で読んだペーパーバックは200冊以上。帰国する際に全部古本屋に売り払い、帰国前夜1泊したベッ

ド・アンド・ブレックファストの宿代に消えました。

　帰国してからはペーパーバックの読書量はずいぶん落ちてしまいました。ここ10年で、4、50冊くらいでしょうか。生徒に勧められて、2003年の新年に読んだディーン・クンツ。なかなか手に汗握りました。でも、3冊も読むと設定・展開に慣れちゃいますね。別の生徒に勧められたスティーブン・キングの the Green Mile は、中盤まではジャンルを越えた傑作だと思いました。この生徒は出版されているハリー・ポッターを全部読んでいるのですが、私は1巻だけで途中下車。魔法使いの話ならメアリー・ポピンズの方が好きです。ディズニー映画で知られた、アメリカナイズの生クリームにまみれていない、原作のメアリーはとても魅力的です。

　ここのところペースダウンしていますが、ペーパーバックはすでに私の終生の友になっています。いつか私が独居老人になる時が来たら、孤独と無聊を慰めてくれることでしょう。

3●英文雑誌、特に Newsweek と TIME

　英文雑誌を読むのもよく勧められる方法です。いきいきとした、現在進行形の英語にふんだんに触れる最適の方法です。私も20代前半にさまざまな雑誌を読み始めました。リーダーズ・ダイジェスト、プレイボーイ、リング（ボクシング専門誌です）、ニューズウィーク、タイム。どれも楽しく読みました。

　英語学習でよく取り上げられるのは、「リーダーズ・ダイジェスト」、「ニューズウィーク」、「タイム」です。いろいろな意見があるようです。

　「ニューズウィーク」「タイム」は高級雑誌であるのみならず、現代

英語の最高峰である。両雑誌の英文は英米の教養ある層がモデルとするものであり、高い山ではあるが英語を真摯に学ぶものはいずれこの両誌を読みこなせる域を目指すべきである。文体、語彙、レトリック、文化的背景など得られる恩恵ははかりしれない。

という絶賛型や

「タイム」「ニューズウィーク」は英語を母語とする人の中でも、インテリ層が読む雑誌であり、英語を母語にしない学習者にとって難解に過ぎる。聖書の引用なども多く、文化・歴史的背景の違う日本人にとってはさらに障害が増す。読めもしない「タイム」を小脇にはさんで歩くようなスノビズムを捨て、文体的にずっと平易な「リーダーズ・ダイジェスト」などを着実に読み続けるほうが、英語学習上の効果ははるかに高い。

といった現実路線型などです。

　どちらも、正論なのですが、何を読むかを決めるのは、あなた自身です。大切なことは、自分自身にとって面白いのは何か、相性が合うのは何かです。私自身は、一番相性が良かったのは「ニューズウィーク」です。確かに、語彙や文体は「リーダーズ・ダイジェスト」のほうが易しいのですが、興味、記事のスタイルなどから「ニューズウィーク」のほうが楽しめたのです。
　定期購読すると非常に安くなるので、私は24歳の時に、雑誌は「ニューズウィーク」1本に絞り、毎週届くこの雑誌を規則的に読み始めました。一応のボキャビルは終えていましたが、「ニューズ

ウィーク」の英文はさすがに手強く、当初は、次の号が届くまでにカバー・ストーリーを含む15、6ページしか読めませんでした。しかし、慣れというのはすごいもので、程なく、次の号が届くまできっちりすべて読み終えられるようになっていました。私にとって「ニューズウィーク」の購読はトレーニングの一環でもありましたから、広告なども含め、カバー・トゥ・カバーで全ページもれなく読んでいました。28歳頃に、英語から一切離れてしまうのですが、そのときまでに3〜4日で読み切れるようになっていました。

アイルランドに渡ってから、再び「ニューズウィーク」を毎週読み始めました。彼の地では郵便による定期購読ではなく、職場に向かう道すがら、途中のニューズ・スタンドで買っていました。仕事、プライベート共に日常的に英語を使う環境の中、並行して続けていたペーパーバックの乱読の効果も相俟って、アイルランド滞在2年を迎えた頃には、数時間で、「ニューズウィーク」を読み切ってしまうようになっていました。すると、チェーン・スモーカーが感じる口寂しさのように、物足りなさが募り、アイルランド滞在最後の1年弱は、加えて「タイム」も毎週読むようになりました。

当時の両誌の読み方はこんな具合でした。週末の休み、土曜日の昼近くに起きだすと、コーヒーを飲みながら買っておいた「ニューズウィーク」を読み始め、途中昼食の用意などで中断した後、再び「ニューズウィーク」を取り上げ読み始める。気が向けば近くの喫茶店に足を運んで、そこで読むこともありました。夕食の時間が来る頃には読了。月曜に仕事に出かける際に「タイム」を買い、仕事の合間にオフィスで読んだり、昼食の後、老舗の喫茶店ビューリーズで読んだり。夏場の気候のいい時は、ダブリン市民憩いの場、セント・スティーブンズ・グリーンに出向き、芝生に寝転んで読むこともしばし

ば。時々目を上げると目に入る、愛らしいアイルランド娘たちの、蜂蜜色の背中はいい目の保養でした。週の前半にはタイムも読了。

　私が「ニューズウィーク」を読むのは、楽しく、面白いからでした。そうでなければ、捕らわれることなく投げ捨てて、他のものを読んでいたでしょう。でも、学習効果を知りたい実際家の方々のためにささやかな情報を供することにやぶさかではありません。「タイム」「ニューズウィーク」を100冊もカバー・トゥ・カバーで読めば、日本で実施されているあらゆる英語関連試験の読解問題は、非常に簡単に感じるでしょう。

4 上達の過程での適用

　多読を開始するのは、基礎力がつき、ゆっくりでも正確な読み（精読）が可能になってからがいいでしょう。TOEIC500～600くらい。もっともリーディング・セクションのスコアが低すぎないこと（250点は欲しいです）が条件です。

　いきなり一般の本、雑誌を読むのは語彙力の点から厳しいでしょうから、学習者用に語彙制限のある本などで、英文の流れに乗る体質を作るためのプレ多読をします。ただ、一定分量（ラダーシリーズ、ハイネマンなどを3、40冊くらい）のプレ多読を消化した段階で、他のトレーニングの効果と相俟って、かなりの力がつきます（TOEIC700台後半から800台半ばくらい）。

　その後はただ興味にまかせて読むだけです。英文多読は英語との縁が続く限り永遠に続きます。日本語で、本や雑誌、新聞などを一生読み続けるように。ただ、もうトレーニングという感覚はなくなります。

6 語彙増強＝ボキャビル

1 ボキャビル開始のタイミング

　構文・文法のような英語の土台がしっかりとしてきて英語の学習もペースに乗ってきたなと一安心する頃、学習者が強く自覚するのが語彙不足です。この時が語彙増強＝ボキャブラリー・ビルディング（以降ボキャビルと呼びます）を開始するタイミングです。慌てないでください。基礎的な英語トレーニングをある程度積み、その過程で**4000〜5000程度の基本単語を習得した時点で初めて、計画的なボキャビルに乗り出す**のです。これ以前の独立したボキャビルは必要ではないし、またやるべきでもないと思います。

　まともな学習をしていれば、4000〜5000程度の単語は自然に覚えてしまいます。短文暗唱＝瞬間英作文や音読パッケージを中学レベルのテキストから始め、少しトレーニングが進んだ時点で2000〜3000くらいの単語は覚えてしまうし、これに精読をいくらかやれば単語数は4000〜5000語にすぐに増えるものです。単語の定着率が悪い人はバックアップとして、精読の際に同時にボキャビルリストを作り（精読の項参考）それを覚えていけば取りこぼしはありません。

　私自身も大学受験時代、効果的なボキャビルの方法をまったく知らなかったので、手持ちの語彙は英文解釈や文法の学習で自然に覚えたものだけでしたが、4000〜5000語は知っていました。またフランス

語の学習した折の経験もこのことを裏打ちしてくれます。

　私は、大学はフランス文学科に籍を置きましたが、ほとんどフランス語の勉強をしないまま中退、30代半ばになって、ゼロから学習し始めました。音読、短文暗唱＝瞬間英作文、精読などの基礎トレーニングを1年くらい積んでから、そろそろボキャビルをやるか、と在学中に購入していた5000語収録の基礎語彙集を10数年ぶりに本棚から取り出しました。ところが、開いてみるとそこに載せられている単語の90パーセント以上はすでに知っていたのです。

　よく電車の中などで、受験生が単語集で英単語を暗記しようとしていますが、気の毒な思いがします。私も受験時代挑戦しましたがほとんど覚えられませんでした。たとえ覚えても、粉雪のようにはかない記憶で、すぐに消え去ってしまいます。単語をボキャビルによってどんどん定着させていけるのは、構文・文法・基礎語彙などが有機的に自分の中に取り込まれ、「英語体質」とでも言うべきものができ始めてからです。具体的に言えばTOEICで600点近くなった頃です。大学受験生でこのレベルにある人は少数ですから、ほとんどの場合ボキャビルをしようとしても徒労に終わります。土もないところに種を蒔くようなものだからです。

　使える英語を身につけるためには、明日のテストまでかろうじて覚えているだけという単語力では役に立ちません。われわれが必要とするのは永続的で、瞬発力があり、イメージ喚起力の強い、いきいきとしたボキャブラリーです。本項ではそうした単語力を手に入れるための合理的なボキャビル法を解説します。しかし、すでに申し上げたように、本格的ボキャビルを開始するには基本的な力・英語体質が前提条件になりますから、まだ基礎力がない人はすこし我慢して下地を作ってからボキャビルトレーニングに取り掛かってください。

2　私自身のボキャビル体験

1 ●門前払い

　ボキャビルの実際の手順に入る前に、私自身のボキャビル体験をお話ししておきましょう。私の実際のボキャビルはこれから解説する方法の原型と言えるものでした。原型ならではの強引さが目立ち、そのまま皆さんにお勧めできる方法ではありませんが、私の英語学習史の中で数少ないはっきりとしたブレイクスルーの体験であり、ボキャビルの大きな効果の証左にもなると思います。

　当時私は23歳で、音読トレーニングなどを中心に英語のトレーニングが軌道に乗ってから1年半程経っていました。ただ語彙に関しては大学受験時代に覚えた4000～5000の単語数でストップしていました。かねてよりお気に入りの英語圏の作家を原書で読みたいと思っていた私ですが、ページをめくっても語彙不足で読書を楽しむと言うわけには行きませんでした。

　専門家によると、英語に書かれた物はどんなものであれ、5000語程度で使用されている全単語の95パーセント程度をカバーするそうです。確かにそれは統計的な事実なのですが、実感としては、95パーセントをカバーしてくれるはずのその語彙力では、さっぱり読めないのです。ペーパーバックをベッドに寝転んで楽しみたいという夢はいつになっても果たせそうもありませんでした。とにかく単語不足で門前払いという感じでした。

2 ●500ページの単語集でスタート

　23歳の夏の終わり、私は一挙に語彙を増やすべくボキャビルに取り組むことを決意しました。当時学習心理学の本などを読み、能率的

な記憶の仕方などを知り染めた私は、学んだ理論を実践に移すことにしたのです。選んだテキストは 14,000 語弱を収録した、単語集というより小型の辞書のようなテキストでした。

500 ページを越すその単語集の 1 ページ目を開いたのは 9 月の初旬のことでした。私はその学習理論に従い、単語の意味をしゃにむに暗記しようとは考えず、しっかりと**単語を発音しながら意味内容をイメージ化していきました。**resentful「憤慨している」という単語の時はぷんぷんと怒っている人を、bawl「どなる、わめく」はわけのわからないことをわめき散らしている酔っ払いを頭の中で映像化するのです。

日本語は一切口にしません。Bawl の訳が「どなる」と「わめく」の 2 つついていますが英単語そのものは 1 つなのです。辞書の編者によって訳語などさまざまになるだろうし、私にとっては bawl を見たり、聞いたりした時、感情にとらわれ大きな声を出すことだと言うことが認識できればよいのですから。

私が使用した単語集は現在主流の頻度順の編集ではなくアルファベット順でした。しかし変わっていたことは、語頭ではなく、語末の文字による配列の「逆引き辞典」というものでした。したがって、隣接する単語が、lapse, elapse, relapse, eclipse, glimpse というように韻を踏むことになります。これは声を出す上で非常に心地よいものでした。

3●繰り返しの威力

単語を発音しながら映像化する作業を繰り返し、テキスト全体を 1 回終えたのは 9 月の終わりでした。直ちに 2 回目にとりかかりました。ところが 1 回丁寧に映像を結んだはずでしたが、意味はさっぱ

り浮かんで来ませんでした。意味がわかるのは元々知っていた単語だけです。ほとんどの人が単語の学習に挫折するのはこの段階でしょう。1回暗記を試みて、しばらくしてその単語を忘れていると「自分は記憶力が備わっていないんだ」と諦めてしまうのです。

　私はまったくショックを受けませんでした。なぜなら件の学習理論のおかげで、1回で覚えることなどないと知っていたからです。1回目は記憶の土壌を作る作業に過ぎないのです。意味がぱっとわからないにしろ、効果の兆しはすでに見えていました。語義を見れば、「ああ、そうだった、そうだった」と大半の単語について思い出すことができたからです。1回目に丁寧な作業をしていたから、映像を結び直すのも時間がかかりません。スピードが確実にアップしていました。1回目の作業には3週間程度を要しましたが、2回目を終えるのには10日程しかかかりませんでした。所要時間が半分になったわけです。

　気をよくした私は3回目に取りかかりました。スピードはさらに増してきました。その上、3回目になると意味がぱっと浮かんでくる単語がぽつぽつながら現れてきたのです。そんな時はそうした単語たちに「おまえたち、いいやつらだなあ」と呼びかけたい思いでした。3回目の作業は5〜6日しかかからなかったと思います。

　4回、5回と回を重ねるにつれスピードがどんどんアップしていくとともに、思い出せる単語の数がぐんぐん増えてきました。この段階になると単語の意味が浮上してくることが面白く、作業自体が一種のゲームのような感覚になってきました。脳がスピードと素早い知覚に快感を得て、「もっとやって、もっとやって」とねだっているようなのです。

　10回目を越したあたりでは、単語集のほぼすべての単語が瞬間的に認識できるようになっていました。ただ急速に得た知識は忘れ去る

のも速いですから、私は覚えきった後も熟成のためにしばらくその単語集を回し続けました。当時横浜に住んでいた私は、渋谷で深夜のアルバイトをしていたのですが、その行き帰りの電車の中でテキスト全体の「熟成回し」が行えるようになっていました。トレーニングの開始時には1回終えるのに3週間要したことを考えるとすさまじいスピードアップです。

スピードと繰り返しで
単語を捕らえる！

4●英語の本が読める！

 もうどのページを開いても、単語の意味がぱっと浮かび、記憶が完全に定着したと実感して、私はこの単語集によるボキャビルトレーニングを打ち上げました。11月の下旬のことでした。秋のはじまりにトレーニングを開始し、秋の終わりに終了したのです。短い期間でしたが、気持ちも乗っていて、トレーニングが佳境に入った頃には一心不乱という感じでした。

 単語集を終えた時は充実感に一瞬包まれましたが、ボキャビルに入る直前にあきらめた本を再び手にした瞬間は、期待と不安が交錯しま

した。単に単語を覚えたというだけで、ほんの2〜3カ月前に歯が立たなかった本が読めるようになっているのかという疑念が頭をよぎったのです。英語に関してそれまで何度か経験した肩すかし、徒労感をまた味わうのではないか。もしそうだったら今度の精神的ダメージは甚大だぞ。その本はアメリカのSF作家レイ＝ブラッドベリの短編集でしたが、不安を払拭しようと、私は、「ままよ」とばかりにページを開きました。

　風景がまったく変わっていました。以前は霧の中に取り残された感じだったのが、いまや英文の内容がスムーズに入ってくるのです。興奮しながら私はページをめくっていきました。しばらくするうちに、私はストーリーのなかに没入しており、純粋に読書を楽しんでいました。その日は寝るまで夢中でその短編集を読みふけっていました。

　ボキャビルの効果は絶大でした。しかし、ボキャビルの効果を支える下地をすでに私が持っていたことも事実です。安定した文法・構文の知識、基礎語彙、大学受験期に培った遅くても正確な読解力。そして、英語学習者用に基本英単語だけを使って書き直された本を速読することによって、英文の流れに乗る体質も身につけていました。英語の本を読むために私に欠けていたのは語彙だけで、だからこそボキャビルがこれほど劇的な効果を上げたのだといえます。

　ボキャビルによって英文読書に開眼した私は、次から次へとペーパーバックを読み飛ばしていきました。ブラッドベリの短編集を数日で読み終えると、次はサマーセット・モーム。モームはお気に入りの作家の1人で、このときに長編・短編集あわせ彼の小説のほとんどを読んでしまいました。その後も単語不足で読めなかった飢えを満たすがごとく、夢中でペーパーバックを読んだものです。アルバイト代は、ほぼ100パーセント洋書購入で消えていきました。23歳の11

月の末から翌年の夏くらいまでに、硬軟取り混ぜ40冊から50冊を読破したと記憶しています。

この多読のおかげで、覚えたと言っても語義だけを記憶したにすぎなかった単語が、実際の英文の中で認識することによって、実感、色合いを伴って定着していきました。ボキャビルは単語集で覚えるだけではだめで、実際に会話や読書の中で使うことによって辞書的な意味だけでなく、使われ方、ニュアンスなど、単語のいわば個性がわかってきます。多読はこうした単語に対する実感作りにもっとも効力を発揮します。

ボキャビルで英語の霧が晴れる

chichinpui

5●私のボキャビルの特異点

私のボキャビル体験は、私個人にとっては大成功で英語学習上の数少ないブレイクスルーをもたらしてくれたのですが、かなりの荒療治ですべての学習者にそのまま適用できる方法ではありません。

私は手持ちの単語が5,000語弱で13,000語以上収録の単語集を一秋でマスターしたのですが、これは3カ月弱で8,000語以上を記憶してしまったということになります。これはいくつかの条件が満たされてはじめて可能なことです。ひとつひとつ指摘してみましょう。

まず、23歳という若さがあったこと。次に暇だったということ。

当時の私は大学に籍を置きながらほとんど学校に通わず好き勝手なことをしているという、オブローモフ的生活を送っていました。厳しい実社会に身を置かれているビジネスマン、ビジネスウーマンや家庭を切り盛りし、その上パートに出ている主婦の方などからすれば腹が立つほどにお気楽なご身分でした。

　次に高いモチベーションがあったこと。私は大好きな英語作家たちの本が読みたくて読みたくてしかたがなかったのです。翻訳は、どれほど上手に訳していても翻訳に過ぎません。絶対に彼等の本をオリジナルで読まずにはすまさない。私には燃えたぎるような願望がありました。

　そして、ボキャビルの効果を最大限に発揮できる下地があったこと。私はすでにしっかりした構文・文法の基礎と基礎語彙を保有していました。その上、単語数を制限した本ではありましたが、数十冊の英語の本をすでに読んでいて、受験用のわずかな分量の英語を舐めるように読んでいく英文解釈的読解を脱して、大量の英文の流れに乗っていく体質ができていたのです。

　最後に個人的な体質。私は物事を少しずつこつこつとこなしていく長距離ランナー・タイプではなく、目標を決めるとある期間それに向けて徹底的にエネルギーを注ぐ完全なスプリンター・タイプです。この体質は急激なボキャビルなどには最適だったのです。

　現在私が一般の学習者に勧めるボキャビル・トレーニングでは、単語をレベル別に 1,000 語ずつに身につけていきます。また、1 冊の単語集を一気に回す方法ではなく、いくつかの部分＝セグメントに分割して、セグメントごとにサイクル回しで完成します。また、私のように一気に数千の単語をマスターするケースは稀で、数年かけて語彙力をつけていくのが一般的です。

3 ボキャビルの実践

1●レベル別に攻める

すでに述べたように独立したボキャビルトレーニングを開始するのは、基礎語彙といわれる 4,000～5,000 語の単語を習得してからです。その際、単語数を例えば 1 万語まで引き上げようとする時、功を焦り、残りの 5,000 を一気に征服しようとするより、段階ごとにだいたい 1,000 語ずつ消化していくのが無理のない方法です。

現在、「6,000 語レベル」とか「7,000 語レベル」などと銘打たれた単語集が数多く出版されていますから、このレベルごとの学習は至って実践が容易です。もちろん、これらの単語集には表示されている数字の単語数が収録されているわけではありません。例えば、「6,000 語レベル」であれば、6,000 の単語が載っているわけではなく、5,000 語をすでに知っていることを前提に、当然 dog とか flower などの基礎単語は除外され、次の段階の 1,000 語ほどが収録されています。これはタイトルに一目瞭然に示されている場合もあるし、そうでなくとも前書きを読めばその単語集が扱っている単語のレベルはわかります。

2●どのレベルまで覚えるべきか

単語のレベル分けの話が出てくれば、当然どのレベルまで覚えるべきなのかという疑問が湧くでしょう。これは、目的によって異なってきます。

大学受験ならば 5,000 で十分でしょう。このレベルの単語はすでに申し上げたようにボキャビル開始前にすでに知っておく単語です。したがって、独立したボキャビルは必要ありません。

TOEICで高得点を取るためには8,000語レベルをマスターしておけば十分です。TOEICではネイティブ・スピーカーが日常的に使う生活表現やビジネス用語など日本人の学習者の盲点に入りやすい単語が多少出てきますが、英検の1級のボキャブラリーパートで問われるような奇妙に高踏的な単語は出てきません。8,000語を知っているというのは相当な語彙で英字新聞がかなりスムーズに読めるレベルでしょう。このあたりが英語学習者の語彙力の、最初の頭打ちになっているようです。

　しかし、ペーパーバックを辞書なしに楽しんで読むためには10,000から上の語彙力が欲しいものです。学習レベルを超えて、言語として英語を使いこなすためには、少し余裕を持たせて、まずは12,000～13,000語のレベルを目指すことをお勧めします。私自身は一気にこのレベルに達したわけですが、劇的に英語の本が読めるようになりました。私はこのあたりにマジック・ラインがあるような気がします。

　8,000語レベルまで語彙を積み上げてきたような人は、トレーニングを実行・継続する体質を持ち合わせていますから、ぜひ12,000～13,000語まで語彙を増やしてください。ここでご紹介するボキャビル法を実践すれば、8,000語レベルまで到達するのに要したよりはるかに少ない労力、時間で語彙を2倍近くに増大することができます。

　こうお勧めするわけは、このレベルに達すると、それ以降は意識的なボキャビルをほとんどしなくても、読めるようになる→どんどん読む→単語が増える→さらに読む→単語がさらに増える、という好循環で、自然に語彙が膨れ上がっていくからです。

　現在私の語彙は25,000～27,000語と思われますが、多読などの自然なボキャビルにまかせると、このあたりで語彙の伸びは止まるようで、ここ10年くらい同じレベルにとどまっています。大学卒のネイ

ティブ・スピーカーの認識語彙は 4〜5 万といわれていますから、そのレベルとの開きはあるのですが、何を読んでもそれほどの支障を感じないので（これは私自身の大まかな性格にもよるのでしょうが）、当面はさらなるボキャビルの必要性を感じません。

　文体と並び、語彙不足で敷居の高さを感じる TIME や Newsweek などの高級雑誌は、認識語彙が 2 万を越えるとぐっと身近に感じられるようになります。

語彙レベルによる到達点

語彙数	到達点
20000	TIME、NEWSWEEKが楽しめる
15000	ペーパーバックが楽しめる
8000	TOEIC攻略
5000	大学受験をクリア

4　単語集の使用

1 ●単語集の使用が効率的

　語彙レベルが 5,000 を越えたあたりから、何を読んでも知っている単語の方が圧倒的に多くなってきますから、精読トレーニングなどに使用する読み物からボキャビル・リストを作っても、集められる単語が少なくボキャビルのためには効率が悪くなってきます。

　そのために、自分がターゲットにするレベルの単語を集めた単語集を使ってボキャビルトレーニングを行うのです。基礎語彙が完成している人にはこれは非常に効率的です。精読しながら、そこで出てきた未知の単語を覚える方法は手堅いものですが、8,000 語レベルに達するのに数年くらいかかるでしょう。単語集を使ってシステマティックにボキャビルをやれば、このレベルは数カ月で達成できます。

　自然なボキャビル1本だと、次の1万レベルに到達するのはさらに長期間かかります。ターゲット単語の出現頻度が著しく落ちていくからです。単語集を使ったボキャビルならまったく変わらぬペースで、やはり数カ月で達成できます。自然な出現にまかせず、人為的にターゲット単語を集中的に集めてしまうからです。

2 ●単語集の 2 大分類

　単語集は形式によって、**文脈型単語集と例文型単語集**の 2 種類に大別することができます。

文脈型単語集

　単語を覚えるのは文脈の中で覚えるのが最も理想的です。精読トレーニングの際、自分で作っていく**自己作成ボキャビルリスト**（精読

の項参照）はそのままこの文脈型単語集になります。また、近年文脈型単語集が続々と出版されています。なんとまあ、英語学習者は恵まれているのでしょうか。こんな至れり尽せりの教材は他の言語では見つけようがありません。

　文脈型単語集では、まず長文があり、その中で扱われたターゲット単語のリストがその直後に載せられるという形式を取ります。もっとも自然な語彙獲得法なのですが、問題はよいテキストは収録単語が5,000語前後のものが圧倒的に多いのです。そのレベルを超えると使われている文がいかにも難解で不自然なものになりがちです。どれほど難解な内容の文章であれ、自然に書かれたものであるならば難語ばかりが散りばめられているというわけにはいきません。どんな英文でも、使用される語彙の90パーセント以上は基礎単語であるというのは、確かに統計的事実です。したがって、文脈型単語集の利用は精読の際、単語リスト作成の労を省いて基礎単語を覚えるためなど省エネ的色合いが強くなるかもしれません。いずれにしても、市販の文脈型単語集で能率的に覚えられる単語は6,000語からせいぜい7,000語レベルまでではないでしょうか。

例文型単語集

　例文型単語集は、ターゲットの単語を単文の中で使う形式の単語集です。文脈型単語集と比べ、テキストの絶対数が多く、また高いレベルの単語群をターゲットにした単語集も求めやすいです。6,000語レベル以上のボキャビルを市販の単語集で行う場合、主にこの例文型単語集を使用することになります。

　前後関係のない単文が続く例文型単語集には、当然ながら自然な文脈がありませんから、単文が馴染みやすく単語のイメージが掴みやす

いものを選択する必要があります。書店に行けば多くの単語集が置いてありますが、ターゲット単語のレベルだけでなく、必ず中身に目を通し、さっぱり単語のイメージがつかめなかったり、いかにも不自然で切り貼り細工的な感じのする例文を使っているものは避けてください。

　また、例文型単語集はさらに、1つの単文にターゲット単語が1つ使われている従来のものと、1つの単文にターゲット単語が複数織り込まれている**DUO型単語集**の2つに分かれます。

　DUO型単語集とは単語集「**DUO**」をそのまま単語集のタイプ名にしたものです。「DUO」は画期的な単語集で、1つの例文の中に複数のターゲット単語を散りばめているので、単語を覚える時間と労力を著しく軽減してくれます。この秀逸な単語集の成功をみて、最近多くのDUO型単語集が出版されてきていますが、残念ながら、例文の質において本家本元のDUOに伍す単語集はまだ少ないようです。ただ、今後続々とすぐれたDUO型単語集が出版される可能性は高いですから楽しみに待ちましょう。

5 ボキャビルの手順

1 ●セグメント分割

　使用する単語集が決まったら、音読パッケージや短文暗唱と同じくサイクル法でマスターします。単語集全体をいくつかのセグメントに分割して、セグメントごとにサイクル回しで完成し、すべてのセグメントが完成したら仕上げとしてテキスト全体のサイクル回しを行います。セグメントの区切り方は学習者個人で異なります。少なめなら200～300前後、多めなら500語ぐらいが1セグメントになります。

2 ●ボキャビルの実際の手順

　それでは、実際の手順に入りましょう。使用するテキストは従来型の、1例文1ターゲット単語の単語集です。収録語数は約1,000語。全体を5セグメントに分割したとしましょう。

　最初のセグメントは200語、単語の隣ページに例文が並んでいます。

1	enhance	[動] (質・価値・美など)高める
2	spontaneous	[形] 自然にでる,自発的な spontanelty [名] 自然に現れること,自発
3	homogenious	[形] 同種の,均質の homogeneity [名] 均質(同質)性 [反] hetrogeneous [形]
4	trivial	[形] ささいな,取るに足らない
5	flammable	[形] 可燃性の flame [名] 炎,火炎 [反] nonflammable [形] 不燃性の

#	例文	訳
1	Those clothes helped **enhance** his appearance.	その服は彼の見てくれをよくするのに役立った。
2	The cause of the fire was **spontaneous** combustion.	火事の原因は自然発火だった。
3	People living in **homogeneous** communities are not used to foreigners.	均等な社会に暮らす人々は外国人に慣れである。
4	Do not worry about such a **trivial** matter.	そんな取るに足りないことで心配するな。
5	Do not bring **flammable** objects here.	ここに可燃物を持ち込まないでください。

195	sob	[動] むせび泣く,すすり泣く
196	torture	[名] 拷問,責め苦
197	resume	[動] 再び始める,再び続ける,取り戻す,～を要約する
198	department	[名] 部,課,省
199	unprecedented	[形] 先例のない
200	fare	[名] (乗り物の)料金,食べ物,(劇場などの)出し物

#	例文	訳
195	I heard someone **sob** in the other room.	隣の部屋で誰かがすすり泣くのが聞こえた。
196	The political prisoner died under **torture**.	その政治犯は拷問で死んだ。
197	After a coffee break, he **resumed** his work.	コーヒーブレイクを取ってから,彼は再び仕事にかかった。
198	My father works in the personnel **department** of the company.	父はその会社の人事部で働いています。
199	The country is faced with **unprecedented** levels of unemployment.	その国は前例のないレベルの失業率に直面している。
200	What is the bus **fare** to the station?	駅までのバスの運賃はいくらですか？

① **例文を読み解く**

まず、例文を読み理解します。読み解く時、もちろん単語の語義と訳を参考にしてかまいませんが、文の構造をしっかりとつかむようにしてください。例文の訳は意訳が多いですから、英文そのものがどう言っているかを正確に把握します。例えば、最初の単語 enhance に対する例文の訳は「その服は彼の見てくれを良くするのに役立った」とやや意訳になっています。help の支配を受ける原型不定詞として enhance が使われているので、英文構造にもっと忠実な訳にすると「その服は彼の風采を高めるのを手伝った」とでもなるでしょう。

例文を読む時、頭の中ではこうした構造をしっかりと理解していることが大切です。それを怠ると雰囲気だけの理解で、下手をすると enhance の意味を「役に立つ」だと覚えたりすることもありえます。単語の意味はもちろん、例文の中でその単語がどのように機能しているかを完全につかみます。

　このようにして、200 の例文を丁寧に読み解いていきます。この作業で無理に単語を覚え込もうとする必要はありません。例文の中での意味と使い方を理解した後、単語の語義をもう一度確認し、イメージを結ぶだけで十分です。サイクル法を使うトレーニングでは、最初のサイクルでは丁寧に土台を築くのが原則です。これによって 2 回目以降のサイクルの能率が上がってきます。また、DUO 型単語集では、1 つの例文に複数のターゲット単語が織り込まれており同数の単語に対する例文数が数分の 1 に減りますから、例文を読み解く作業の時間と労力は著しく軽減できます。

⬇

② 例文を繰り返し読む

　セグメント全体の例文を丁寧に読み解いたら、2 回目の読み解きに入ります。単語の意味はまだほとんど定着していないでしょうから、無理に思い出そうとせずに、単語の語義欄を見てください。しかし、1 回目に丁寧に読み解いてありますから、例文を読んでいくスピードは 1 回目に比べはるかに速くなっているでしょう。

　2 回目が終われば、3 回目、4 回目と繰り返し例文を読み解いていきます。とは言っても、3 回目 4 回目ともなると「読み解く」というような重さはなくなって、すんなりと例文の意味が理解できるようになっているのではないでしょうか？ターゲット単語の意味も文という前後関係の中でなら、スムーズに理解できるようになっていると思います。この繰り返しの作業は例文が難なく読めるようになるまで繰り返しますが、平均的には 3〜5 回のサイクル回しで完了します。

③ 単語のサイクル回しを行う

　例文が完璧に読めるようになったら、いよいよ単語のサイクル回しを行います。単語だけのページを使い、enhance を見てすぐにその意味「高める」が浮かんでくるかをチェックします。意味がすぐに思い浮かばなかったら無理に思い出そうとはせず、例文を見てください。そうすれば、例文の中で使われていた意味と品詞がすぐに蘇ります。例文を繰り返し読んだのはこの作業のための下準備だったのです。単語のサイクル回しでは、このように例文を台帳のように使います。

　セグメントのすべての単語について、意味がわからない時は例文の助けを借りながら意味と使い方＝品詞の確認をします。やり終えたら、次のサイクルに取り掛かります。このようにして、数サイクル回すうちに、すべての単語の意味と品詞が瞬間的に浮かび上がるようになります。

　完全に意味、品詞が浮上するようになっても、淡白に切り上げず、楽になった状態で数サイクル回して記憶を半永久的に熟成させてください。

　1つのセグメントが完成したら、次のセグメントに移り、①〜③のプロセスを繰り返します。

④ テキスト全体のサイクル回しを行う

　すべてのセグメントを終えたら仕上げとして、単語集全体についてサイクル回しを行います。この際、例文読み解きはセグメントごとのトレーニングでやってありますから、**全体のサイクル回しは単語について行うだけでいい**でしょう。

第2章　英語トレーニング法　❻語彙増強＝ボキャビル

　テキスト全体のサイクル回しといっても、例文の読み解きはやる必要はなく、単語のサイクル回しだけですし、すでにセグメントごとに完成した作業ですから、場合によっては1セグメントごとの①～③のプロセスよりも楽な作業かもしれません。いずれにしても、自分のトレーニングの成果を確かめながら、わずかなとりこぼし単語を拾っていく程度の極めて容易、快適な作業になります。

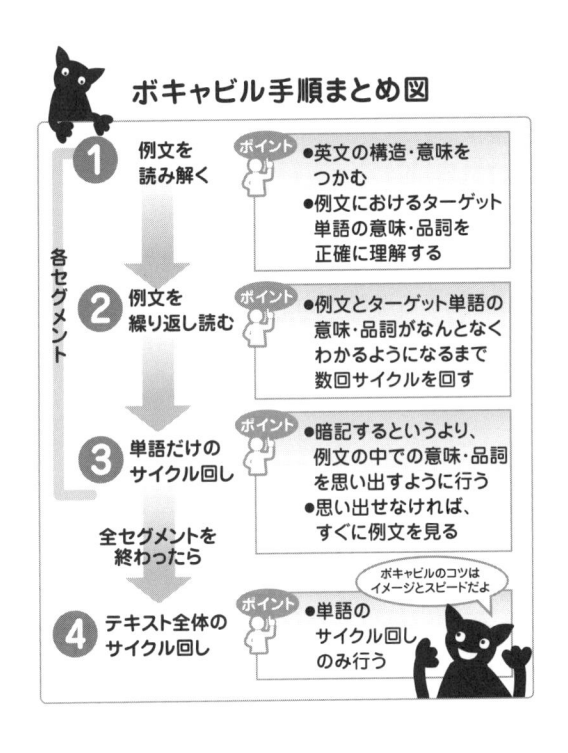

ボキャビル手順まとめ図

各セグメント

❶ 例文を読み解く
ポイント
- 英文の構造・意味をつかむ
- 例文におけるターゲット単語の意味・品詞を正確に理解する

❷ 例文を繰り返し読む
ポイント
- 例文とターゲット単語の意味・品詞がなんとなくわかるようになるまで数回サイクルを回す

❸ 単語だけのサイクル回し
ポイント
- 暗記するというより、例文の中での意味・品詞を思い出すように行う
- 思い出せなければ、すぐに例文を見る

全セグメントを終わったら

❹ テキスト全体のサイクル回し
ポイント
- 単語のサイクル回しのみ行う

ボキャビルのコツはイメージとスピードだよ

3●効果を最大にするための重要ポイント
すべての語義を覚えようとしない

　単語集はボキャビル用テキストとして側面のほかに、簡単な辞書としての役割を持っていますから、ひとつの単語に対して、通常複数の語義を載せています。しかし、これを全部覚えようとするとボキャビルの能率が落ちてしまいます。ですから、不要な語義は見切ってしまうことが必要です。

　もちろん、本来不要な語義などありませんから、便宜的に「不要」という言葉を使っています。今日ピアノを習い始めた人には、いますぐにはショパンのエチュードの楽譜は不要、ウェート・トレーニングの初心者には200キロのバーベル・セットは不要というような意味です。では、具体的にはどのような語義が不要なのでしょうか？それは例文で使われていない語義です。**覚える語義は、例文で使われた語義とそれから連想できる語義だけに限ってしまってください。**

　例えば、197. resume の語義として「再び始める」、「再び続ける」「再び取り戻す」「要約する」4つが載せられています。例文で使われている語義は「再び始める」あるいは「再び続ける」です。次の「再び取り戻す」はどうでしょうか？比較的連想がつながりやすい語義ですね。でも、そこまで連想が及ばない、思い起こすのが面倒だと思えば気にせず見切ってください。最後の「要約する」。これは毛色の違う語義ですね。こうしたものは惜しむことなく捨ててください。この語義は違う単語集の例文や精読で出くわしたときに拾っていけばいいのです．

　200.の fare も例文で使われている「（乗り物の）料金」のほかに「食べ物」「（道の端の）出し物」という語義が取り上げられています。どちらも例文の中での語義から連想がつながらないでしょう。いつの

日か再会することを楽しみに、この時点ではぽいと捨ててしまいましょう。

　間違っても、せっかく買った単語集だから1円分も無駄にすまい、あらゆる語義、同義語、反意語など、盛り込まれたすべての情報を覚えこむんだ、などと思わないでください。節約をするつもりが、ボキャビルが進捗せず、逆に大変な時間的ロスを被ってしまうでしょう。楽に、スピーディーに例文で使われた語義を覚え切ってしまえば、1,000〜2,000円程度で購入した単語集から十分な利益を得たことになります。

同レベルの複数の単語集を使う

　単語集を使ってのボキャビルは自然な精読、多読などと異なり、原則的にある単語が出現するのは1つのセンテンスの中に限られます。単語を自然に覚える場合、さまざまな文、文脈の中で繰り返し出くわすことにより、しだいに記憶に刷り込まれていきます。単語集によるボキャビルでは、「繰り返し出くわす」というポイントはサイクル法により押さえることができます。しかし、1冊の単語集では、単語は常に同じ例文の中にあるわけですから、「さまざまな文、文脈の中で」というポイントについては対処できません。

　このため、あるレベルのターゲット単語をマスターするためには、同レベルの単語集を複数使うことをお勧めします。そうすれば、同じ単語を異なる文の中で覚えることにより、その単語の意味、使われ方がより立体的に、リアルに感じられるようになるからです。勤め先の同僚が仕事を離れた飲み会で意外な面を見せた。また、同じ同僚と休日に偶然出くわしお茶を一緒に飲んで話をしてみると、さらに深くそ

の人の人間性がわかってきた。これと同じようなことが単語の記憶についても言えるのです。

　同レベルの単語を異なる単語集で学ぶと、ある単語集の例文では使われていなかった語義が、別の単語集の例文で使われていることもよくあります。この場合、ある単語集で捨てた語義を拾うことができます。

　また、複数の単語集をマスターすることは、心配するほど大変なことではありません。多少収録単語に違いがあっても、同レベルの単語集なら大半の単語は共通のものです。したがって2冊目をマスターするのは1冊目よりはるかに楽になるし、3冊目はさらに容易になります。こうして、共通の単語を違う例文の中でより記憶に深く刷り込んでいくとともに、ダブらない新しい単語を覚えることができます。実際、この章で紹介した方法で数冊の単語集を仕上げても、1冊の単語集に載っている単語のすべての語義、同義語、反意語を記憶するのに必要な数分の1の労力・時間しかかからないでしょう。どうぞ、ご安心あれ。

自分にあったレベルの単語集の選び方

　単語集を選ぶ際、どれが適切なレベルのものか迷う方も多いでしょう。自分の正確な語彙のレベルがわからない場合もあるし、単語集の「〜レベル」というコピーもすべてが信頼できるものではないからです。もっともいい方法は当然ながら、単語集を開いてみてその中に自分の知らない単語がどれだけ収められているのかチェックしてみることです。

　もちろん、すべての単語をつぶさに調べる必要はありません。本文をぱらぱらめくるか、巻末のindexに目を通すだけの感覚的な

チェックで構いません。

ボキャビルをする場合、知らない単語が 30 パーセントから 60 パーセントの幅で単語集を選ぶのがオーソドックスな方法です。知らない単語が 30 パーセントなら負荷の軽い単語集、60 パーセントなら負荷の重い単語集になります。

「ボキャビルというのは知らない単語を覚えることだから、俺は知っている単語が 1 つも載ってない単語集を使うぞ」と張り切る人もいるかもしれません。その意気やよし、なのですが非常にきついトレーニングになるでしょう。負荷の重いトレーニングを目指すにしても、せいぜい知らない単語が 70～80 パーセントの単語集にとどめておいた方がよいと思います。**知らない単語の合間合間に知っている単語が入っていると、潤滑油の役目を果たしてくれてサイクル回しがよく走る**のです。

私の教室では、学習者が 4,000～5,000 程度の基礎語彙を習得して、ボキャビルトレーニングをスタートする時、よく勧める単語集がDUO です。DUO は 6,000 語レベルの単語集ですが、4,000～5,000 語レベルの単語もかなり収録されていて、基礎語彙習得後に使うと 30～40 パーセントの軽めの負荷のトレーニングになります。あまり苦しまず、スムーズなサイクル回しができますので、ボキャビル・トレーニングに馴染むのに最適だと思います。

6 上達の過程での適用

　独立したボキャビル・トレーニングを開始するのは、精読を始めとする他の基本トレーニングで 4,000〜5,000 語の基礎語彙が身についてからです。

　その後は一般的には、段階的に 1,000 語ぐらいずつ覚えて行き、まず 8,000 語のラインに到達してください。英字新聞などがかなり楽に読めるようになります。TOEIC で使われる単語はこのレベルが上限だと言われています。

　次に、12,000〜13,000 語を目標にします。このレベルに達すると、ペーパーバック、雑誌などもたいていのものは楽しんで読めるようになります。また、いったんこのレベルの語彙を獲得すると、多読をすることによって、語彙は自然に 20,000 語から 30,000 語程度まで増えていきます。

7 リスニングトレーニング

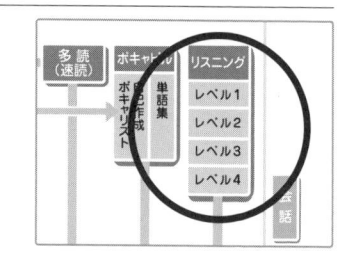

1 リスニングとヒアリングの違い

リスニングとヒアリングをはっきりと分けて考えましょう。**リスニングは注意を注ぎしっかりと理解すること、ヒアリングは音声を単に耳に入れること、聞き流すこと**と定義したいと思います。

私は自分の学習体験、生徒の指導経験から、**ヒアリングの効果は非常に限定的**なものと考えています。また、ヒアリングは聞き流すだけですから、説明を要するような技術・手順はありませんので、本章で詳しく解説するのは主にリスニングの種類とその方法です。

1●ヒアリング
ヒアリングの効果を過大視しない

いわゆる聞き流しで、流れてくる音声を聞くともなしに聞いている状態です。ヒアリングにあまり大きな効果を期待しないほうがいいでしょう。英語の上達のためにするべきことを非常に単純に要約してしまえば、「**構文・意味を分析、理解しながらできるだけ多くの英語を受け入れる一方で、正しい英語の文をできるだけ多く自分で作り出す**」ということです。英語を聴いて理解することは、この前半部にあたるわけですが、聞き流すだけでは、分析、理解がほとんど起こらない恐れがあります。

まったく注意力が失われている時、日本語で言われたことさえ頭を素通りしてしまい、何のことだったのかさっぱりわからないということが起こります。この場合、確かに物理的な音として日本語が耳に入っているのですが、言語的な処理が行われず、脳に車の騒音、犬の鳴き声などと同じように、無意味な雑音として扱われてしまったわけです。

　もちろん、上に挙げたのは極端な例（私などは日常茶飯ですが）です。我々が、母語である日本語を分析・処理する能力は驚くほど高いですから、実際にはテレビを見ながら、横で家族が喋っている内容をおおまかに理解しているということはよくあります。しかし、これは母語ゆえに可能な離れ業です。外国語の場合はある程度の注意を傾けないと、すべてが雑音として頭をすり抜けていってしまいます。少なくとも、かなりのレベルに達しないとこれは避けられません。

　外国語である英語をただ聞き流していると、構文・意味の分析などの言語的処理がお留守になってしまうのでトレーニングとしての効果は極めて低いものです。**聴き取り能力を向上させるためには、3時間のヒアリングより、10分か15分の集中したリスニングの方が、効果があります。**ヒアリングは、他の事をしながらも少しは英語に触れておきたいとか、疲れきっていてほかのことはできないが、聞き流しくらいはできるといった時にあくまでもサプリメント程度にトレーニングの中に組み入れるといいでしょう。

**3時間のヒアリングより
15分のリスニングの方が効果大!**

ヒアリングが最も効果を上げるレベル

しかし、ヒアリングがそれなりの効果を上げるレベルがあります。まったくの初心者と、高レベルの人です。英語の初心者にとって、わかろうとわかるまいと英語の音に触れることは、英語特有の音色やリズムに慣れるという効果があります。

一方、英語力のレベルがすでにかなりのレベルにある人は、何を聞いてもある程度はわかるし、一心に集中しなくても英語を分析的に聞くことができるからです。日本人なら誰でも車の運転をしながら、ラジオから流れてくるニュースやその他の番組から情報を得ることができます。高レベルの英語力を持っている人は、英語においてもこの状態に近づきつつあるのです。

2●リスニング

リスニングの難しさ

リスニングは、流れてくる**英語を集中して、構文的に分析しながら正確に意味を理解する**ことです。**文字ではなく音声によって英語を読むこと**と言ってもいいかもしれません。文字と違って一瞬のうちに消え去っていく音声で読むことは、リーディングより困難です。おまけ

にアナウンサーのような訓練された話し手ではなく、さまざまな発音、話し方をする一般の人たちの、生の英語は一筋縄では行きません。

　母語では、読めるものはほぼ100パーセント聴き取ることができますが、外国語である英語となると2つの間に大きなギャップが存在します。リスニングトレーニングの目的はこのギャップを埋めていくことです。

分析的な聴きとは
　構文分析的な正確なリスニングの具体例を示します。次の文を聞いたとしましょう。

　　Is the book you are talking about the one the popular writer published last week?

　正確なリスニングがされた場合、主部は先行詞 the book が形容詞節 you are talking about に修飾されたもので、主部とイコール関係の補語は、同じく形容詞節に修飾された the one であり、全体の構造は is が前に上がった倒置疑問文であるということが分析でき、核となる文は Is the book the one？ ということも把握できます。ネイティブ・スピーカーは文法的用語をたとえ知らなくても、このような正確なリスニングを行っていて、やれと言われれば、冠詞一つ落とさない正確無比なリピーティングもできるものです。

　我々も日本語でこうしたリスニングを実践しています。ですから、野球放送などを観ていて、解説者が「え〜、私はね、松井は、大リーグ2年目はもっとホームランを打ちますよ」などと言うと「なんだ

よ、こいつは。私で始めたなら、最後は、思いますよ、かなんかで結べよ」などと文法・構文的間違いを指摘することもできます。こうした構文の網をかけていくような正確なリスニングを**網掛け聴き**と言います。

「網掛け聴き」の対極にあるのが**推測聴き**です。同じ文を聞いても、構文的な分析はできていないのに、book talking writer publish last week などの意味を持つ単語（内容語）が耳に残り、また、センテンス末のイントネーションが上がっているので疑問文だと感じ取ることができます。これらの要素を総合して、「ははあ、俺が本のこと話してたから、どっかの作家が出版したやつかってきいてるんだな」と相手の意を推し量るのが推測聴きです。

相手の言ったことが騒音などで全部聞き取れなかったり、その時点での力不足のため完全な構文理解が困難だったりする場合には、推測聴きはそれなりに有効です。しかし、推測聴きを習慣化してしまうと、正確なリスニング力の向上を阻害することになります。トレーニングの時には**網掛け聴き**を心がけてください。

網掛け聴きで英語を捕らえる！

構文の網

英語　英語　英語

Pa~!

2 リスニングトレーニングの実際

1●リスニングトレーニングにはいくつかのレベルがある

　分析的に意味をしっかり把握しながら聴こうとするのがリスニングということがおわかりになっていただけたと思います。しかし、英語に対するこの集中した分析的な対処を前提として、リスニングのトレーニングは精度によりいくつかのレベルに分かれます。ある英文を突然聞かされた場合と、同じ英文を読み解き音読パッケージをやってしまってから聴くのとでは、理解度は当然ながらまったく違います。

　どんなに集中して聴いても、何回聞いても、あるところまで来るとわからないところはわからないままになります。そのまま聴き続けていても、絡まった糸はなかなか解けないものです。この時、英文を読み解いてから分析的なリスニングをすることによってトレーニングの効果を十分に上げることができるのです。

　リスニングトレーニングは、ある英文を耳だけで聴き解くことと、同じ英文を音読パッケージ後に聴く完璧なリスニングの間にいくつかのレベルがあります。わからない英語をトランスクリプションもなしに聴き続ける根性論的学習から脱し、この数レベルのリスニングを組み合わせることによりリスニングトレーニングの効果を最大に享受してください。

2●各レベルのリスニングトレーニング

レベル1●耳だけによる聴き

　トランスクリプション（リスニングの対象となる英文が文字として書き起こされたもの）を一切見ず、英語の音声だけを聴いて理解することです。これだけをリスニングのトレーニングと考えている人も多

いようです。集中して分析的に聴くので、もちろんヒアリングと比べるとはるかに効果があります。しかし、トランスクリプションを一切見ないリスニングには限界があります。

　繰り返し同じ英文に耳を傾けていると、理解の度合いがだんだんと深まってきます。しかしある段階になると、聴き解けない個所が残るようになります。その原因は、構文の複雑な組み合わせであったり、未知の単語であったり、単語の連結音であったりとさまざまです。このまま続けても、わかる部分を繰り返し理解するという効果はあるのですが、リスニングを困難にする要素はそのまま残ってしまいます。違う英文を聴いても、同じ要素が理解の足を引っ張るでしょう。この段階に至ったらトランススクリプションを使う次のレベルに移りましょう。

レベル2●トランスクリプションをざっと読んで聴く

　同じ英文を、今度はトランスクリプションをざっと読んでから再び聴きます。トランスクリプションを読むことで話の大筋がつかめますので、ずっとリスニングがしやすくなります。かなり英語力がついた後でも、ネイティブ・スピーカー同士の私的な会話を途中から聞くとさっぱりわからないことがあります。使われる言い回しや会話のスピードとともに、前後関係がわからない文脈の中に放り込まれるのが原因です。それに比べると、きちんと相手に対面しての会話や仕事上のコミュニケーションははるかに楽です。相手の言っていることが一言一句すべて聴き取れなくても、何について話しているのか、何を目的に会話をしているのかがはっきりしているからです。

　トランスクリプションを読むことは、これと同じように理解すべきことへの方向づけをしてくれるので、その後のリスニングが楽になり

ます。また、力がついてくるとトランスクリプションを1回読んでしまうだけで、その後のリスニングの理解度が格段に変わってきます。

　中にはリスニングトレーニングでトランスクリプションを読んでしまうことに抵抗を示す人もいます。潔癖症の人はカンニングのようなうしろめたさを感じるのでしょうか？どうかそんな気持は捨ててください。ウェート・トレーニングでは自力でバーベルが上がらなくなった時、補助者が力添えしてもう数回運動を繰り返し、筋肉をワークアウトさせることがあります。それと同じ合理的なトレーニング方法と考えてください。猛暑の中、水分を一切取らず激しい運動をすることを潔しとするのに似た、無用の精神主義はさっぱり捨ててしまいましょう。

レベル3●トランスクリプションを精読して聴く
　このレベルではトランスクリプションを精読した上での聴き解きを行います。英文を理解する上で曖昧な点を残さないように、使われている構文、その結合のされ方を必要に応じて時間を掛けて分析し、わからない単語は調べてしまい、完全に解読・消化します。その後で再びリスニングしてください。理解度はさらに上がるでしょう。

レベル4●加工してリスニングする
　レベル3まで行っても、まだ聴き取れない、分析・意味取りがうまくいかない個所が残るかもしれません。さまざまな加工を施して、リスニングを完璧なものにします。具体的には次のような作業をします。

① 精読した上でトランスクリプションを見ながらリスニングをする。
② 何度か音読してからリスニングする
③ リスニングする際、トランスクリプションを見ながら英語音声に重ねて、あるいは少し遅れて(シャドーイング)、小声で真似て読み上げる。
④ 一時停止ボタンを使い、あるいはポーズ付きテープを作ってリピーティングを行う。
⑤ 苦手な個所、フレーズをピックアップして重点的に①〜④の作業をする。

この全ステップを順番にすべて実行しなければならないというわけではありません。リスニングの理解度を上げるのに必要な作業を、必要な回数だけ行ってください。この全作業を徹底して繰り返し行うと限りなく音読パッケージに近づいていきます。実際、上級者のレベルになると、音読パッケージをシステマティックに行わず、この何回かの音読、リピーティングを含む、加工リスニングで代用することが多くなります。

第2章　英語トレーニング法　❼リスニングトレーニング

リスニングトレーニングまとめ図

レベル1 耳だけによる聴き

ポイント
- トランスクリプションを見ない
- 何度聴いても理解できない部分が残る状態になったらストップ

レベル2 トランスクリプションをざっと読んで聴く

ポイント
- 読むことで話の流れをつかむ
- 音だけではわからなかった所を文字で確認する

レベル3 トランスクリプションを精読して聴く

ポイント
- 精読することで英文の理解を明瞭にする
- 網掛け聴きを心がける

レベル4 加工して聴く

ポイント
- 音読・リピーティング・シャドーイングなどを織り交ぜてリスニングを深める
- 網掛け聴きを完成させる

レベルを上げて行くにつれリスニングの精度が上がっていくよ！

3 上達の過程での適用

　学習の初期は英語を正確に聴き、理解することは音読パッケージで行いますから、独立したリスニングトレーニングは、補足程度で結構です。素材としては、音読パッケージで使用しているものはもちろん、あまり自分のレベルとかけはなれていないものならなんでもいいでしょう。

　学習の中期以降、英語力がつき始めた頃からリスニングトレーニングの比重も徐々に高まってきます。3つのレベルをうまく使い分け、効果的なトレーニングを行ってください。

　学習期の終了が近づき、音読パッケージの反復回数が減ったり、1セッションだけになる時期がリスニングトレーニングの重要性が最大になるときです。

　やがて、学習期が終わっても、多読と同じく、リスニングは英語を使っていく限り永久に続いていきます。

第2章 英語トレーニング法　❼リスニングトレーニング

8 会話

1 ●会話は基礎ができてから

　英語を実際に話すことは、スポーツで言えば、試合に出るようなものです。いくら練習を積んでも、実戦を積まなければ、強い選手になることはできません。実戦にはリアルな流れがあり、これは実戦を通してしか体得できないものだからです。英語についても同じで、どんなに学習を積んでも、実際の会話には特有の間・呼吸があります。この流れにスムーズに乗るためには実際の会話の場数を踏む必要があります。

　と同時に、会話練習で効果を上げるためには、基礎学習・トレーニングを積み、一定のリスニング力、瞬間的に英文を作り出す能力、基

礎語彙などを持っていることが大前提です。キャッチボールも満足にできない人が、試合だけで名プレーヤーになるのは無理なのと同じ道理です。

　本当に上達したいなら、基礎学習・トレーニングなしに会話だけを続けても、さっぱり上手くならないなあと、期待はずれの思いを味わうだけでしょう。満足できるのは、「外国人と英会話レッスンをしている素敵なわたし」という気分を味わうこと自体を目的にしている人だけではないでしょうか？

　英会話は実戦練習で、今まで紹介してきたトレーニングの範囲外のものなので、体系的で段階的な方法・手順ではなく、いくつかのアドバイスを提供するにとどめます。そして、これらのアドバイスが有効なのは最低限の基礎トレーニングを終え、TOEIC600前後の基礎力がある人たちです。

2●できるだけ短期間に濃密に

　会話力を実感できる程度に向上させるためには、比較的短期間にできるだけ多くの会話練習をすることをお勧めします。多くの英会話スクールでは、1レッスン40～50分で週1～2回というコースが多いのですが、これでは目立った上達をするには少なすぎます。1回90～120分で週2～3回の練習をするべきです。これくらいの頻度・密度で練習を実践すれば、半年前後で、その人の持っている基礎ストックに相応しい会話力が身につきます。

　もちろん、費用もかさみますが、お金と時間を惜しんでちょぼちょぼやって、ほとんど会話力が向上しないというケースより、実のところ費用・時間両面で節約できるのです。

　しかし、持っているストックが会話能力として連動され切ってしま

うと、それから先の会話能力の向上はゆっくりしたものになります。再び大きな会話力アップを図るためには、新たなストックを仕込む必要があります。会話練習だけでできるストックの蓄積は微々たる物ですから、並行して、音読やボキャビルなどのトレーニングを行ってください。費用対効果を考えると、まとまった量のストックが蓄積するまで、しばらく会話練習を休んでもいいかもしれません。

3●個人か少人数レッスンを

　ネイティブ・スピーカーとの会話レッスンは、1対1の個人レッスンか、せいぜい、1クラス2〜3人の少人数レッスンにするべきです。大人数のグループレッスンだと、頭数で割られて、自分が実際に話す機会は非常に限られてしまいます。授業料を節約するつもりで会話力の向上もないのでは、意味がありません。

　また、1クラスに色々なレベルの人がいると、話せる人が割を食います。英会話スクールなどでは、レベル別クラス編成を謳っていることが多いのですが、経営的にはできるだけクラスを満員にしたいので、実際は生徒の英語力は不揃いのことが多いのです。特に無料や参加費が低額の英会話サークルなどではレベルに対する配慮はほとんどありません。ネイティブ・スピーカーの教師が良心的に、すべての人に話す機会を割り振ろうとすると、とつとつとしか話せない初心者が多くの時間を使ってしまうことになります。それならば、と話せる人が元を取ろうと1人で話そうとすると、他の参加者が快く思わないなど、無駄に気をつかわなくてはなりません。

　期待する効果を上げるためには、多少の出費になっても、個人レッスンか、レベルの近い人との少人数レッスンにすることが得策なのです。先立つものが…という人は、意味のある会話練習をする費用が溜

まるまでスタートを遅らせればいいでしょう。その間にトレーニングをしておけば、お金と共に英語のストックを上積みすることができるでしょう。

4●ネイティブ・スピーカーは教師でなく話し相手

会話レッスンを有効なものにするためには、ネイティブ・スピーカーを教師としてでなく、会話力を磨くための話し相手として考えることが大切です。高い費用を払ってネイティブ・スピーカーを雇いながら、文法や語彙を彼らから学ぼうというのは、あまり賢明ではありません。

第一に彼等の多くは文法をわかりやすく日本人に教えることに長けてはいません。一般の日本人だって、日本語文法に精通している人は少ないでしょう。ネイティブ・スピーカーに文法や語法について質問しても、あまり明快な答えは返ってきません。ネイティブ・スピーカーは母国語を文法的に捕らえる習慣を持っていないのでたいていの場合は「とにかく我々はこう言うんだ」という説明になりがちです。一度、ある英会話のクラスで生徒の1人が、That is the park where I like.と言ったのをネイティブ・スピーカーの教師が where は使えないと指摘したところ、その生徒は場所に関する関係詞は where を使うと習った、park は場所だからいいのではないかと反論しました。教師は「確かに場所ではあるが…」と説明に窮し生徒を納得させることができませんでしたが、休憩時間に別の生徒が日本語で関係副詞の説明をしていっぺんに問題は解決してしまいました。このように文法は日本語の解説のほうが理解しやすいことも多いものです。

文法や基礎語彙は、参考書や辞書・単語集を使っていくらでも自分で勉強できます。ネイティブ・スピーカーがその価値をもっとも発揮

するのは、英語学習法や文法の教師、歩く辞書としてではなく、生きた英語の話し相手、練習相手としてです。英語のリスニング能力があり相手がなんと言っているか理解ができ、それに応答するために瞬時に英文を組み立てることができれば、ネイティブ・スピーカーとの英会話にスムーズに入っていけます。後は話せば話すほど自分の持っている基礎力に応じて会話力は向上していきます。また、ネイティブ・スピーカーと話すことで、実際の英会話の間や呼吸を身につけることができます。

5●イニシアティブを取る

　外国語の学習においては―というより、すべての学習について当てはまることですが―決して受け身にならず主体的であることが大切です。ネイティブ・スピーカーから会話レッスンを受ける際にも、相手は英語の達人なのだからすべてよきにはからってくれるだろうなどと相手任せの姿勢にならないことです。あなたの英語力向上を最も強く願っているのは他ならぬあなた自身なのですから、徹底したイニシアティブを取るべきです。まず、レッスン内容については自分自身で決めることです。何回かのレッスンをして、互いの紹介がすんでしまったあと、毎回何を食べただの、天気のことなど同じ話題の繰り返しになってしまうということがよくあります。こういうことにならないように、毎回のレッスンの前にトピックの仕込みをしておくことです。

　私の知人の例ですが、近所のスーパーマーケットの告知板に広告を出していたアメリカ人に電話をした彼は、自分は自由会話をやりたいので文法などは特に時間を割いて教えてくれなくてもよい、また新聞や雑誌の記事などからレッスンに使うトピックや資料はすべて当方で準備しておくので貴君の負担は非常に軽くなるであろう、については

レッスン料を多少割り引いてもらえないだろうか、という交渉をしたそうです。すると相手のアメリカ人はそういうことなら、と快くその条件を受け入れてくれたのです。私の知る限りでも、当時の彼の英語は決して流暢ではありませんでした。しかし、電話でなんとかこういった交渉ができる基礎力はあったわけです。ネイティブ・スピーカーとのレッスンを始めるタイミングはずばりこういった話し合いが成立するようになった時です。こうして自らイニシアティブをとって始めた会話レッスンが順調だったことは、その後比較的短期間に彼の英会話力が大きく進歩していったことで十分にうかがい知ることができました。また、彼はそのアメリカ人に、「あなたとのレッスンは自分にとってためになり楽しい」、と言われたと、少し誇らしげに語っていました。なんでも彼以外の生徒とのレッスンでは、ほとんどまともな会話が成り立たず、簡単なフレーズの口移しに終始しがちなのに対し、彼とは内容のある対話ができ、日本の習慣、文化などについても直接日本人から情報を得ることのできる貴重な時間なのだということでした。基礎力が無く、ほとんど発話能力がない生徒を教えることは、オウムや九官鳥に言葉を教え込むようなもので、確かにあまり知的な意味でやりがいのある作業ではないでしょう。それが仕事なのだから、と言ってしまえばそれまでですが、英会話教師もやはり人間です。相手次第で気乗りも違ってくるのは、致し方ありません。相手から何かを引き出したかったから、相手にも何かを与えることです。ネイティブ・スピーカーとの会話レッスンで十分な効果をあげたいのなら、自分を知的に互角で、話していて楽しい相手と思わせることです。そのためには会話が成り立つ基礎力とすべてを相手任せにしない主体的な姿勢が求められます。

6●何を使うか？

英会話スクール

　実際にネイティブ・スピーカーの教師を探す段になると、もっとも利用しやすいのは英会話スクールでしょう。テレビ、新聞、雑誌など主要なメディアで派手に宣伝を打っているので探す手間が掛かりません。英会話スクールは「会話レッスンをすればラクラク英語マスター」的な幻想を垂れ流すなどのビジネス優先の姿勢に批判もありますが、利用する側がしっかりした知識をもっていれば、端からそんな非現実的な売り文句を額面通りに受けとることもないでしょう。基礎は自分で完成し、英会話スクールは会話力を磨く場所と割り切ればいいのです。

教師紹介エージェント

　使いやすい英会話スクールですが、派手な宣伝の費用は授業料に反映されるわけですから、割高感は否めません。クラス、授業スタイルもスクールのお仕着せのものを利用することになります。これらの点に不満な人にお勧めなのが、最近増えている教師紹介エージェントです。

　英会話スクールの体裁を取っているところも多いのですが、実態は、校舎などは持たず、登録している教師を紹介するだけというところが大部分です。紹介料として最初に2〜3万円が掛かりますが、その後のレッスンでは、1時間2,000円位のところが多く、大手の英会話スクールなどと比べるとかなり安く上がります。通常、学校としてのカリキュラムはありませんが、基礎力があり、後は会話に慣れるだけという人にはお勧めです。

　私自身も、数年前教室の教材を作るためにこうしたエージェントを

通じて、カナダ人のネイティブ・スピーカーを紹介してもらいました。トロントの大学を出てすぐに来日した女性でしたが、人柄もよく、教養豊かで美しい英語を話す申し分のない方でした。彼女は中堅の英会話スクールの講師もしており、尋ねてみたところ、その英会話スクールで個人レッスン受けると授業料は1時間7,000円とのことでした。ちなみに、私が彼女に支払った料金は1時間2,000円でした。

　このようなエージェントは稽古事関連の情報誌やインターネットで簡単に見つけられます。今後も増えていくことでしょう。国内で英会話の練習相手を見つけるには、もっともお勧めの紹介エージェントですが、当然講師の質の当たり外れはありますから、トライアルレッスンなどでしっかりと見極める必要があります。また、紹介がすんでしまうと、後は講師と生徒の個人的な関係になりますから、トラブルなどが起きないように気をつけてください。

語学留学

　時間に余裕のある学生や、社会人でも思い切って長い休みが取れる人などにお勧めなのが、英語圏への語学留学です。もっとも、第1章でも書いたように、語学留学で会話力を大きく伸ばすには、一定の基礎力があることが前提です。そうでなければ、単なる観光で終わってしまうのが関の山です。

　語学留学の最大の利点は、その気があれば、完全に英語に没入した環境が作れることです。日本国内では、会話レッスンを頻繁に行っても、レッスン以外の時間は日本語に囲まれた生活ですから、英語だけに浸ることは実現困難です。もちろん、英語への没入環境を作るためには、英語学校での授業以外でも、現地の一般家庭にホームステイす

る、ネイティブ・スピーカーか外国人と相部屋で寮生活をするなど、環境作りのために自発的努力をする必要があります。

　また、現地では、補習レッスンをしたければ、日本国内と比べて破格の安さで個人レッスンを受けることができます。日本だと最低でも1時間2,000円というところですが、現地なら、1,000円前後で一対一レッスンを受けることができます。学校付近のスーパーマーケット、図書館、コインランドリーなどいたるところに、「個人レッスンやります」といった張り紙を見つけることができます。そうした個人レッスンから、授業を超えた個人的友人関係が生まれることもあります。レッスンを終えた後、食事をしたり飲みに出かけたりする中で交わす、くだけた会話の方が、授業そのものよりも会話力を伸ばしてくれるものです。

　こうした点に気をつけて、積極的に現地の環境を最大限に生かせば、基礎力のある人ならば短期間でかなり会話力をつけることができるでしょう。ただ、数多い語学留学生で実際に、この得がたい機会を有効に使えている人は驚くほど少ないのです。私もアイルランドとイギリスで数え切れないほどの語学留学生を見ましたが、なんのために来たのだろうと首を捻りたくなる人たちが大半でした。

　現地で出会った数少ない語学留学の成功例は、当時大学3年生の女性でした。夏休みを利用して語学留学を実行した彼女は、大学入学時から計画を立てて、費用をまかなうためにアルバイトを続けていたそうです。私はその英語学校と仕事上の付き合いがあり、学校を訪れた折、知り合いの教師に彼女のことを知らされました。日本で基礎学習をしてきた彼女は、しっかりとした基礎力を持つ日本人が大抵そうであるように、最初のクラス分けテストで最上級クラスに振り分けられていました。ただ、私が最初に会ったときは日本から来たばかり

で、構文などはとてもしっかりしているけれど、すらすらと英語を話すというわけには行かず、母語のように英語を操るドイツやスウェーデンからの学生に混じりなかなか苦労していたようです。しばらくして、その学校を訪れた時、例の教師に彼女のことを訪ねたところ、感心顔で「とても真面目な生徒だ」と評していました。彼女は授業以外でも英語を使う機会を積極的に作ってもいるようでした。1カ月半程して、帰国間際の彼女の英語を聞いた時、短期間での上達に驚かされました。基礎力とやる気のある若者が英語環境に浸ると短期間でかなり会話力は伸びるものだと実感したものです。

第3章
トレーニングの進め方

この章では**英語トレーニング法**の章で紹介した各トレーニングをどのようにコーディネートして、学習を進めていくかを具体的に示します。

　本書で提案する英語学習・トレーニングの進め方は、おおまかに言うと、次のようになります。

① **中学レベルの英語で英語体質を作る**

　頭では十分にわかっている中学英語を肉体化して英語力の核を作ります。中学の英語テキストの音読パッケージ、中学文型の短文暗唱＝瞬間英作文がトレーニングの中心メニューです。この段階の後期に、より高いレベルのテキストの精読や大学受験レベルの文法の概観をしておきます。

⬇

② **大学受験レベルの文法・構文をマスターし、精読で正確な読解と基本語彙を獲得する**

　中学英語の音読パッケージを終えたら①の時期の後半に精読をすませた、よりレベルの高いテキストを新たな音読パッケージの素材にします。また、文法問題集により文法をマスターしてしまいます。短文暗唱＝瞬間英作文は中学英語を完成させた後、大学受験レベルの構文集や表現に富む例文集に移行します。

⬇

③ **プレ多読の導入、ボキャビルの開始**

　使用語彙制限がある本などでプレ多読を始めます。同時にボキャビルを開始し、一般の本、新聞、雑誌類を読む準備をします。音読パッケージや短文暗唱＝瞬間英作文も継続していますが、英語回路は安定

していますから、反復回数、サイクル数などは減ります。

⬇

④ 学習期の終わり。多読、リスニング、会話などで大量の英語に触れる

ボキャビルで獲得した語彙力で一般の本、新聞、雑誌を多読。サイクル方式による音読パッケージも卒業。短文暗唱＝瞬間英作文も必要に応じて。学習者用の素材を使う段階からさまざまな媒体や実際の会話で生の英語に触れ実践的に英語力を保持、向上していく段階に自然に移行していきます。

これはあくまでも大まかな道順です。**標準プラン、目的・目標レベル別プラン**でより詳細な地図を紹介します。そして、最後に私の生徒の**トレーニング実例**をいくつかご紹介します。

1 標準プラン

　まず、英語学習を志す人の多くが該当すると思われるグループをモデルにしてみましょう。中学英語はだいたい頭ではわかっているけれど使いこなせない、**TOEIC300〜400くらいの人が、かなりのレベル（TOEIC900前後）に達し、学習から卒業して英語を使うことで上達していくようになるまで**のプランです。

① 中学英語で英語の初期回路を作る

　まずは、中学レベルの英語です。しかし、今までの、頭で理解しているだけ、中学英語のテキストが読んで意味がわかる、高校入試の問題が解けるといった程度ではありません。中学英語が完全に体に入っている状態を作ります。

　中学の英語テキストの音読パッケージと中学英語文型の短文暗唱＝瞬間英作文を、徹底的に行います。中学1年の教科書は内容があまりに単純になりがちなので、音読パッケージに使うのは2年、3年用でいいでしょう。中学1年で習う文型は非常に大切なものが多いのですが、これは短文暗唱＝瞬間英作文で効果的に吸収できますので問題はありません。

　短文暗唱＝瞬間英作文では、文型別に練習する第1ステージが終

わったら、第2ステージに移り文型シャフルされた教材を使って文型への瞬時のアクセス・結合能力を養ってください。

　この段階の後期では、音読パッケージ、短文暗唱＝瞬間英作文のような肉体的・反射的トレーニングの一方で、より高いレベルの英語を頭で理解しておき次の段階に備えます。大学受験レベルの英文解釈教材やその他のリーディング教材を用いての精読とわかりやすい文法書などを用いて文法の概略を頭に入れておきます。

　精読の素材としては大学受験用の英文解釈教材と一般のリーディング（あるいはリーディングを含む多目的）教材に二分されます。まず大学受験用英文解釈教材ですが、これは受験業界の異様な進化を反映し、正に至れり尽くせりです。扱われる英文に対しての細かな構文的・文法的解説、語彙リストがあるのはもちろん、訳文が直訳、意訳の両バージョンがあるものまで royal treatment（王侯なみの待遇）を楽しめます。書店に行けば書棚にうなるほど並んでいますから、英文と解説・訳を照らし合わせ自分と相性の合うものを選べばいいでしょう。唯一の問題は、テープ・CDなどの音声媒体が付いているものが少なく、そのまま次の段階での音読パッケージに使いにくいという点です。

　一般の教材は音声媒体が付属しているものが多いのですが、反対に解説がそっけなく、訳も元の英文とはかなり離れた意訳中心で、学習者にそれなりの下地が要求されます。英文は非常に魅力のあるものが多いのですが、完全に読み解くためには、辞書を丹念に引きながら訳・解説をしっかりと理解する必要があります。あるいは読解力のあ

る人に指導を受けてもいいでしょう。

　文法は次の段階で文法問題集を用いて完成にかかる前の準備です。薄めの文法解説書や学習書が適しています。間違っても、分厚い文法書を使わないでください。文法書はあくまでも辞典的に使うか、文法のあらかたをマスターした人が気の向いたときに紐解き、長い期間をかけて文法知識に肉付けをするのに使用するものです。基礎のできていない人が頭から1ページずつ暗記しようとしても、港を出て間もなく沈没する可能性が高いでしょう。この段階では易しく、おおづかみに文法の大要を説明してくれる本を選んでください。各項目の最後に簡単な練習問題があるものだと、知ったばかりの知識をチェックすることができ好都合です。

　この段階の終了期にTOEICを受ければ、500台半ばから600台半ばくらいが出ます。

②英語回路強化トレーニングの継続と文法力・読解力の完成

　音読パッケージの素材を中学テキストから、もっと高いレベルに上げます。前段階で精読していたものを使えばタイムロスもなく理想的です。短文暗唱＝瞬間英作文は、第2ステージを仕上げ、第3ステージへと移行していく時期です。第2ステージで獲得した苦もなく英文を作り出す回路を利用して、より高度な構文、実用的なフレーズを吸収していってください。

　この段階のもう1つの重要なテーマは文法のマスターです。前段階で大まかに知った文法知識を、文法問題集を効果的に用いて自在に

使いこなせる技術に変換します。大学受験用問題集を2冊程度やれば十分でしょう。この段階の文法学習が本当に身になれば、その後文法を独立して勉強する必要はありません。

前段階の後半から始まった精読もこの段階でほぼ完成です。文の構造を正確につかむ能力を身につけるための精読トレーニングはそれほど多くの分量をこなす必要はありません。私の場合は大学受験期にたった1冊の英文解釈教材で精読の基礎は完成しました。

この段階が終わった時点のTOEICスコアは700台でしょう。

③トレーニング佳境。多読、ボキャビル導入

すでに英語回路は強固になっています。音読パッケージの際、読んでわかる英文なら、5、6回も口にすれば、テキストを見なくてもリピーティングが楽々とできるようになっているでしょう。こうなると合計の反復回数も100回は必要ありません。サイクル数や、1セッションごとの反復回数を減らし、英文から栄養が吸収されたと感じればそこで打ち切ればいいでしょう。

また、この段階では、限られた量の英語を丹念に刷り込んで行く音読パッケージと並行して、多量の英語に触れていくリスニングに力を入れ始める時期です。英語回路が完成したことで音読パッケージに傾けるエネルギー、時間が減った分をリスニングに充てるといいでしょう。

短文暗唱＝瞬間英作文は第3ステージの真っ只中です。焦点は、

文型・構文の吸収ではなく、より豊かな表現の獲得へと移っています。

　次はいよいよ多読開始です。この段階では語彙が限られていますから、ネイティブ・スピーカー向けの一般の本、雑誌、新聞などは単語不足で跳ね返されるでしょう。使用単語に制限がある学習者向けの読み物でプレ多読を行います。精読のように完全に理解する必要はなく、6割程度を理解すればよしとして、とにかくスピードと量を重視し、冊数、ページ数、語数を稼いでください。一定の量を読めば英文の流れに乗る体質ができています。

　この段階でシステマティックなボキャビルも開始です。ここまでに4,000〜5,000語の基礎語彙は身についています。ターゲットはそのレベルを超える単語群です。1,000語程度を1グループとして、段階的なボキャビルをするのがスタンダードな方法です。ボキャビルが進むにつれて、プレ多読から一般の多読へと移行していきます。語彙が8,000語くらいになると、易しい平易な文体で書かれストーリーの面白さで引っぱってくれるペーパーバックが読めるようになります。シドニー・シェルダン、ダニエル・スティールなどが読み易いでしょう。

　この段階の終了時のTOEICスコアは700代後半から800台半ばくらいになっているでしょう。

⬇

④学習の最終期から実践への移行
　音読パッケージはもうサイクル方式の必要はありません。また、必

第3章　トレーニングの進め方

ずしもテープを使ったリピーティング、シャドーイングをパッケージにして行う必要もないでしょう。つまり気に入った英文を気の向くままに音読すれば結構です。

　この段階では、今までに包括的に行っていたトレーニングを、必要に応じて自由裁量で、かつアイテムごとに分割して行うようになります。例えてみれば、よく知らないジャンルの料理のレストランに入って、最初はお勧めセットを食べていますが、だんだん通になり、メニューから好みによって単品で注文するようなものです。英語を聴いた際の保持能力（リテンション）を強化しようと思えば、リピーティングに力を入れ、反射神経を鍛えたければシャドーイングを多めにやる、全般的に英語力の裾野を広げたければ末永く音読を続けるといったように、自分の必要性、その時々のテーマによってさまざまなトレーニングのあり様が可能です。

　短文暗唱＝瞬間英作文もルーティーン的に行う時期は卒業です。ネイティブ・スピーカーの、しかも表現の豊かな人には遠く及ばなくても、外国語として使いこなすには十分な状態になっているからです。実際の会話経験などを積むことに移行して、トレーニングとしての短文暗唱＝瞬間英作文をまったくやらなくなっても構わないでしょう。しかし、同時通訳などの英語のプロを目指す人は、常に英語の表現力を研ぎ澄ませていなくてはなりませんから、これに類するトレーニングを継続しなくてはならないでしょう。ただ、この段階になると、短文暗唱＝瞬間英作文トレーニングの目的は英語回路を強化することではなく、豊かで即妙の表現力の獲得です。対象もセンテンスからフレーズ、単語へと完全に移っています。

ボキャビルの結果、語彙が 15,000 くらいになるとたいていのものが読めるようになります。プレ多読で英文の流れに乗る体質はできあがっています。貪欲に、そして享楽的に好きなものを好きなように読んでください。読むうちに語彙が増え、それがまた読みを楽にするという好循環を味わうでしょう。多読が伸ばす側面は読解力、語彙だけにとどまりません。読むことは言語の使用能力を本質的に向上させます。母語を同一にする日本人の間でも、読書をまったくせず「若者語」しか使えない若年層と読書量豊かな人の間には隔絶と言っていい国語力の違いがあります。

　この段階を終えると TOEIC のスコアは 900 前後になっています。しかし、あなたはそんなことにもはや価値も見出さなくなっているかもしれません。船は入り江を出たのです。今後の航路はあなた自身が決めてください。どこに行くのか、どのくらい遠くに行くのかは船長であるあなた自身の思いのままです。

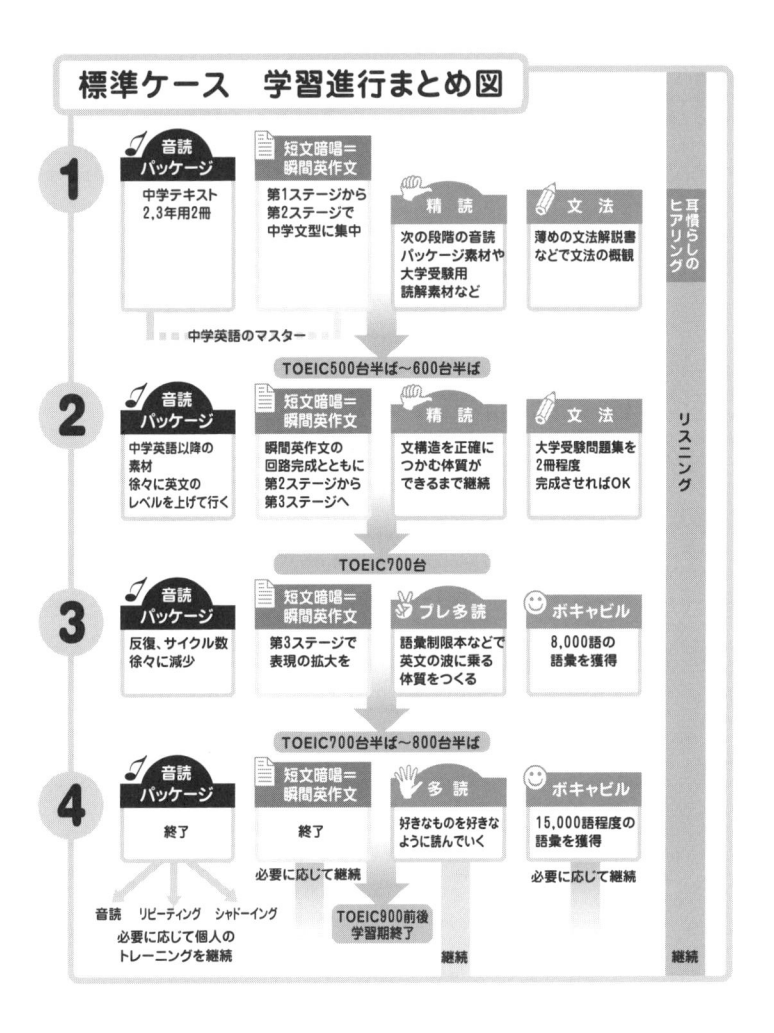

第3章　トレーニングの進め方

標準ケース　学習進行まとめ図

1
- 音読パッケージ: 中学テキスト2,3年用2冊
- 短文暗唱＝瞬間英作文: 第1ステージから第2ステージで中学文型に集中
- 精読: 次の段階の音読パッケージ素材や大学受験用読解素材など
- 文法: 薄めの文法解説書などで文法の概観

耳慣らしのヒアリング

↓ 中学英語のマスター

TOEIC500台半ば〜600台半ば

2
- 音読パッケージ: 中学英語以降の素材　徐々に英文のレベルを上げて行く
- 短文暗唱＝瞬間英作文: 瞬間英作文の回路完成とともに第2ステージから第3ステージへ
- 精読: 文構造を正確につかむ体質ができるまで継続
- 文法: 大学受験問題集を2冊程度完成させればOK

リスニング

TOEIC700台

3
- 音読パッケージ: 反復、サイクル数徐々に減少
- 短文暗唱＝瞬間英作文: 第3ステージで表現の拡大を
- プレ多読: 語彙制限本などで英文の波に乗る体質をつくる
- ボキャビル: 8,000語の語彙を獲得

TOEIC700台半ば〜800台半ば

4
- 音読パッケージ: 終了
- 短文暗唱＝瞬間英作文: 終了
- 多読: 好きなものを好きなように読んでいく
- ボキャビル: 15,000語程度の語彙を獲得

音読　リピーティング　シャドーイング
必要に応じて個人のトレーニングを継続

必要に応じて継続

TOEIC900前後
学習期終了

継続　　必要に応じて継続　　継続

2 目的・目標レベル別プラン

1 突然英語が必要になった：
まずは TOEIC600 レベル

英語に特別の思い入れはなく、自分と英語は無縁のものと思っていたのに、自分以外の外からの要請で、ある日突然英語を身につけることを強いられることがあります。社会人の方なら、仕事で突然英語を使わざるを得なくなった、予想していなかった海外赴任の辞令が降りたなど、学生の方ならば、就職のために一定以上 TOEIC のスコアを取ることを決めた、などという場合です。

こうした場合、具体的な目標は、まずは TOEIC600 レベルとなるでしょう。これは、英語を道具として使うことのできるスタート地点です。もちろん、それほどすらすらと話すことはできないでしょう。また、早口で話されると聴き取りに苦労するかもしれません。ただ、ゆっくりとした口調でも、センテンスで表現することができ始めます。言われたことがわからなければ、相手に聞き直したり、ゆっくり話すことを英語で要求できます。自分にとって英語は外国語であることを相手に理解させ、自分のペースでコミュニケーションが取れます。

このレベルに達すると「使って上達する」ことが可能となるので、英語を使う環境にいる人などは、この後テンポ良く力を伸ばすことが

できます。また、今現在要求される英語力がそれほど高くなく、自分でも深く英語を学習していく気がなくても、必要な時に力を伸ばしていける基礎体力がついています。この先に行く必要があってもなくても、良い状態で待機できるのです。

このレベルに達するためのプランを2つのケースに分けて紹介いたします。

ケース1　学生時代英語が得意だった方のためのプラン
① 英語体質作りに専念

英語が得意で大学受験時に偏差値が60を超え、安定した読解力と文法力を備えているというケース。このグループの人は、知識のストックは充分過ぎるくらいです。まずは立派な知識を使える体質作りに専念してください。くれぐれも「お勉強」を延々と続けないように。TOEICなどの目標スコアとの差を、問題集を黙ってカリカリ解くことで埋めようとしないでください。目標スコアは蜃気楼のようになかなか近づかないし、英語を使う能力はまったくつきません。

中学2、3年レベルのテキストの音読パッケージでトレーニングを始めましょう。ピラミッド方式で100回前後の回数を行うことがお勧めですが、体質変化が早く、テキストを見ないリピーティングが浅いサイクルで簡単にできるようになってしまう方は回数を減らしてもいいでしょう。英語を話す能力をつけるために、並行して短文暗唱＝瞬間英作文も行ってください。中学英語レベルの文型集・例文集を使うといいでしょう。私の指導経験では、早い人は、中学2、3年のテキストの音読パッケージ、中学英語文型集を1セット終えただけで、TOEIC400前後から一挙に600越えを果たしてしまいます。この過

程を終えて、まだ期した結果が得られない人は、焦らずに教材のおかわりをしてください。音読パッケージは別の出版社の中学2、3年のテキストか同程度のテキストを使います。その場合も先行のテキストで初期回路ができつつありますから、早期からテキストを見ないリピーティングができるようになっているでしょう。それならば、サイクル数、反復回数はずっと減らして構いません。テキストの消化に要する期間は大幅に短縮されます。短文暗唱＝瞬間英作文も淡々と中学レベルの文型集で行います。気分を変えて中学英語レベルの文型を軸に少しレベルの高いバラエティーに富んだ表現を含んだ例文集を使うのもお勧めです。いずれにしても、大学受験レベルの知識がきちんと頭に入っている人がTOEIC600レベルに達するのは単に時間の問題です。駅までの道のりを歩けば、駅に到着するのと同じく確実なことです。

②　実践練習

　基本を軽んじず、①のプロセスを踏むことで順調に英語体質ができつつあるでしょう。そろそろ実践練習の時期です。英語でコミュニケーションを取ることが要求される人はここで会話の練習に乗り出しましょう。実を言えば、基礎知識のしっかりしているこのグループの方は、いきなり会話練習をしても成果を上げることができます。ただ、上達の速度はかなり個人差があります。①のプロセスをしっかり踏んでいれば、かなりスムーズに会話も上達します。また、基本文型を満遍なくをきちんとやることで、使用する文型や、言い回しが偏ってしまうことも防げます。

　会話能力を効率的に向上させるためには、1週間に1度程度でなく、最低2回、できれば3回、1セッションの時間も多くの英会話

スクールで見られるような 40〜50 分程度ではなく、90〜120 分みっちり話したいものです。基礎力を実際の会話能力として開花させるためには、短期間に周密な会話トレーニングをすべきです。これくらいのトレーニングを半年程度続けると、持っているストックに相応した会話能力がつきます。費用もそれなりに掛かりますが、お金と労力を惜しみ細々としたトレーニングを行うと、思うように効果が上げられず、かえって時間と費用も無駄にしてしまう恐れがあります。

　①②のステップが終了した時点で、目標とした英語力は手に入れているはずです。確実に TOEIC などの目標スコアをクリアしたい方は、①②の終了時点か、並行してテスト対策的な勉強をするといいでしょう。しかしそれはあくまでも補強的なものですから、学習の主軸にしないでください。健康な肉体はサプリメントだけで維持できず、しっかりとした食事が基本であるのと同じです。

　基礎知識の豊富なこのグループの人は、目標のレベルに達しても大分余力を残しています。TOEIC のスコアも、600 点はおろか、600 台後半から 700 台後半に達してしまう人もいます。そうすると、自分の埋もれていた英語力をさらに伸ばすことに面白みを感じてしまうかもしれません。また、目標にしていたレベルに到達してみるとほんの入り口であることを実感し、新たに挑戦心が湧いてくるかもしれません。これを機会に本格的なトレーニングを始めるのも一興ではないでしょうか？

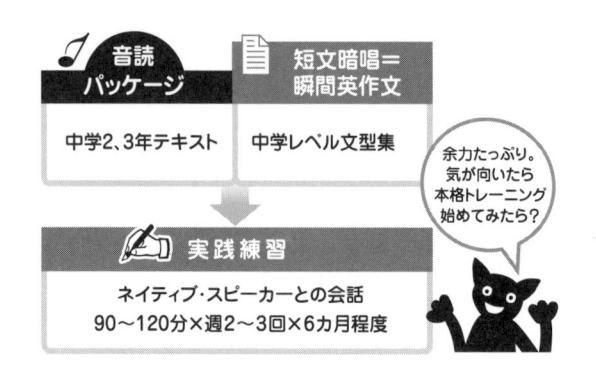

音読パッケージ	短文暗唱＝瞬間英作文
中学2、3年テキスト	中学レベル文型集

↓

実践練習

ネイティブ・スピーカーとの会話
90〜120分×週2〜3回×6カ月程度

> 余力たっぷり。気が向いたら本格トレーニング始めてみたら？

ケース2　学生時代英語が苦手だった人

①　勉強のやり直し

　学生時代英語は苦手、受験でも英語に足を引っ張られたという人。ほぼ間違いなく基礎がぐらぐらしています。英語体質を作るための音読パッケージや短文暗唱＝瞬間英作文を行おうにも、文章の意味・構造理解が怪しい状態では効果が期待できません。最初は勉強のやり直しから始めましょう。「うわ〜。一番やりたくないことだよ〜」と頭を抱えているかもしれませんね。でも、いけ好かない奴だと思っていた人が誠実に付き合ってみると、案外良い人間だったということもよくあります。先入観を捨てて取り組んでみましょう。

　まずは、本屋に足を運び、中学英文法の本を用意してください。その際何冊かの本を実際に手にとり比べてください。ポイントは次の3つです。①説明の仕方、文体が自分と相性が良くわかりやすいこと。②取り上げている文法事項に対して例文がふんだんについていること。③項目ごとに簡単な練習問題があること。このような本を使って文法を学習します。その際、例文は必ず声を出して読んでください。

　ドリル練習を並行して行いましょう。本屋に行けば、穴埋め問題、並べ替え作文、簡単な和文英訳問題が載っている廉価なドリルがたく

さんあります。苦手意識をもっていた英語もしっかりした目的意識をもって取り組むと随分と印象が変わっているでしょう。中学生時代には難しいと感じられた説明も大人の頭で読むとなんなく理解できるものです。例文読みやドリルを声を出して行うことで、基礎事項が単なる知識を越えて自分の血肉になっていくのを感じるはずです。カタカナ読みやローマ字読みなど発音に問題がある人は、発音の本を通読し発音記号も必ず覚えてください。

② 英語体質作りと勉強の2段構え

　①のステップで英語体質を作るトレーニングを行う準備は整いました。お疲れ様でした。中学テキストと文型集を使っての音読パッケージはケース1の①のステップと同じです。ただ、英語が苦手だった人はこの段階ではストック不足が否めません。例えば目標のTOEIC 600は、中学英語が100パーセント稼動すればクリアできるのですが、ものごと100パーセントを実現するのは困難です。中学英語の学習を終えた時点では語彙も1,000語前後で実用的に英語を使うためには不足しています。

　そこで、英語体質作りのトレーニングと並行して、レベルを一段上げて勉強を継続します。具体的には大学受験レベルの文法と読解を行います。ただ、実用のための学習ですから、重箱の隅をつつくような文法学習は必要ないし、読解も素直で平易な英文を対象にします。鷹揚に気楽に構えてください。文法は分厚い文法書は無視し、まず薄くて簡単な文法参考書を1、2度通読し文法の全体図をつかみます。中学英語の時と同じく説明文がわかりやすく例文と問題が多いものを選びます。それを終えてから文法の問題集をサイクル法で仕上げます。読解本も文構造や語句の説明がわかりやすい物で精読トレーニングを

行います。英文を理解した後は軽めの回数で構いませんから、文構造・意味を自分の中に沈めるように音読してください。時間があまり取れない人は、この大学受験レベルの勉強は③のステップの時期にまたがっても構いません。

③ 実践練習

さあ、ついに最終ステップです。会話能力をつけるトレーニングはケース1の②のステップとまったく同じです。3つのステップを経てあなたの英語力は一変しています。どうしようもないと思っていた英語も、系統的なステップを踏めば必要とするだけの力はつけることができます。長年悩まされていた英語を克服し、道具として使うところまで辿り着きました。敬意を表します。どうぞ自分を褒めてあげてください！

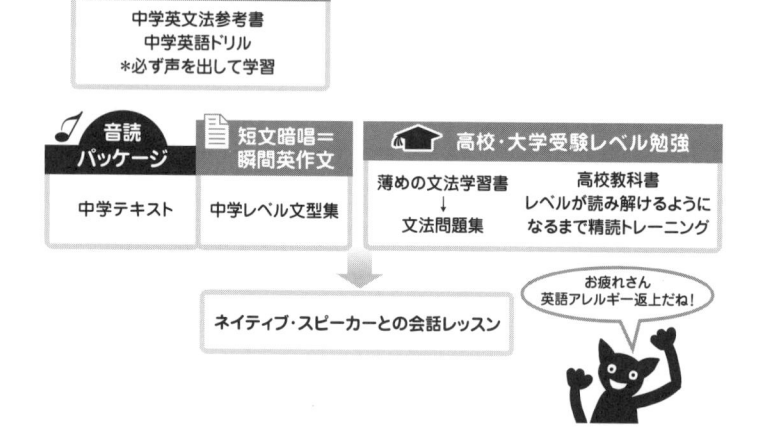

やり直し勉強
中学英文法参考書
中学英語ドリル
＊必ず声を出して学習

音読パッケージ	短文暗唱＝瞬間英作文	高校・大学受験レベル勉強	
中学テキスト	中学レベル文型集	薄めの文法学習書 ↓ 文法問題集	高校教科書レベルが読み解けるようになるまで精読トレーニング

↓

ネイティブ・スピーカーとの会話レッスン

お疲れさん 英語アレルギー返上だね！

2　個人海外旅行を楽しめる英語力をつけたい

　海外旅行が大好き。でも、英語がまったく話せないので、いつも団体ツアーや英語を話せる友人頼み。ペーパーバックや英字新聞を読みこなしたり、流暢に話す会話力は望まない。TOEICなどのテストにも関心なし。でも、1人でぶらりと海外旅行を楽しみ、ブロークンでもいいから現地の人とささやかな交流を持てる会話力をつけたいという人も多いでしょう。

①　基礎トレーニング

　このような願望を持つ人が試すのは、旅行英会話フレーズ集の暗記や英会話スクールなどの旅行英会話コースです。しかし、基礎力がゼロだとまったく応用が利きません。せっかく丸暗記したフレーズが通じても、相手が応答してくるとまったく聴き取れず、丸暗記したフレーズ以外で応答することもできません。基礎トレーニングを行い、最低限の聴き取り能力と応用力をつければ、旅の楽しみは何倍にもなるはずです。

　中学英語、特に中2レベルまでを中心に学習しましょう。中学3年で扱われる内容は関係代名詞、現在完了、分詞の形容詞的用法などぐっと高度になりますが、この際思い切って切り捨てます。こうやってターゲットを絞ることで学習の目処も立ちやすくなります。ただ、なんとなく知識を上滑り的に詰め込むのではなく、限られた文型でも応用が利くようにしっかりと自分の中に取り込みましょう。

　具体的には、「突然英語が必要になった」のケース2.の①のステップに準じます。中学文法の本とドリルを使い、声を出して学習してください。学習が進み、中学1年、そして中学2年の教科書の内容が

かなりしっかりと理解できるようになったら、音読パッケージトレーニングを行います。この際、時間・エネルギーがないという人は、本格的学習をする人のような入念なサイクル回し、反復をしなくても構いません。ただ、音声素材を使い英語の音に慣れるようにしてください。

② 旅行会話集などで実践練習

①のステップで基礎ができたら、旅行会話集などで使いそうなフレーズ、表現をどんどん仕入れます。基礎学習をした後だと、文の構造もわからないままの暗記にならず効率的に覚えられるし、応用性もつきます。例えば、基礎がまったく無いと、I would like a cup of coffee.と Would you like a cup of coffee？　をまったく別のセンテンスとして、カタカナで覚えなければなりませんが、多少の基礎があれば、前の文の主語を you に変えて疑問文にすると後の文になるということが理解できるので記憶の負担がかからず、また、would like の後に to 不定詞をつなげる応用表現などもスムーズに覚えることができます。

この際、CD など音声素材を選んで会話、フレーズを何回も聴きたいものです。本を見ながらで構いませんから軽いリピーティング、シャドーイングを行うとさらに効果的です。
また、この時期に英会話学校などの短期旅行英語コースを受講すると効果的で、実際の旅行前の良いリハーサルになります。

中学2年までの英語を身につける

文法参考書・ドリルで学習
↓
中学1、2年のテキストを音読パッケージに

英語ができると
海外旅行の楽しさが
倍増だね！

実践練習

旅行会話・フレーズ集
英会話の旅行会話短期コース
etc.

3 読むことに特化

　会話については必要性も興味もないけれど、読書好きでペーパーバックなどを楽しく読みたいという人のための学習プランです。

① 英語を直接受け入れる体質作り
　英文読書を楽しむためには、返り読みの習慣から脱して、英語を、英語の語順のままに理解する体質を作る必要があります。このために威力を発揮するのはやはり音読です。読みに限定するのであれば、リピーティングとシャドーイングを含む音読パッケージではなく、純粋な音読でいいでしょう。ただ、英語の基本は音ですから、発音をあまり無視すると体質改善もうまくいきません。ひどいカタカナ・ローマ字読みなどの癖のある人は、発音の本を通読し、音読の最初のテキストは音声素材付きのものを使って、最低線の基本を身につけてください。

　最初は中学英語のテキスト音読から始めましょう。少なくとも最初は手堅くモデルの音声を聴いてから音読に入りましょう。反復回数、サイクル回数にはあまりこだわらなくても結構です。英文の文構造・意味を理解しながら、内容が自分の中に沈む感覚が起こるまで 1 セクションを繰り返し音読します。こうして、自分にとって余裕のあるレベルの英文を繰り返し音読していると、ある時点ですっと感覚が変り、返り読みをして日本語に変換しなくても、直接英文が頭に落ちてくるようになります。これが、直読直解への体質変化です。中学英語のテキストが終わったら、自分の読解力の範囲内で英文のレベルを上げ音読を続けます。体質変化はすでにすんでいるので、サイクル回しはしないで好きなものを 1 セッションだけ、適切と感じられる回数

音読すればいいです。

② プレ多読とボキャビル

　直読直解の体質ができたら、次はそれを速読体質へと変化させます。まだ、語彙が足りないので一般のペーパーブックを読むのは厳しいでしょうから、しばらくは語彙制限本でプレ多読です。「英語トレーニング法」の速読の項を参考にしてください。もともと読書好きで、トレーニングの数も絞ってありますから、数ヶ月で5、60冊は読破できるでしょう。

　並行して、一般のペーパーバックを読む準備としてボキャビルを行います。「英語トレーニング法」のボキャビルの項を参考にしてください。このケースの人に強くお勧めするのは、自分が読んだ本から単語を抽出してボキャリストを作ることです。

　少し早めにペーパーバックの読みに取り掛かるのですが、当然ながらわからない単語だらけだし、文体も手強いでしょう。この時翻訳を横に置いて読み解きを行えば精読トレーニングになるので、読解能力は急速に上がり、徐々に問題は語彙の問題に絞られていきます。ボキャビルリストを作ることは手間隙が掛かりますが、多読を唯一の目的とする人はこの作業を厭うべきではありません。生きた語彙が身につくなど結局は大いに報われる作業です。市販の単語集は自ら単語を抽出する手間と時間を省いてくれてとても便利ですが、ネイティブ・スピーカーなら誰でも知っている日常のこまごまとした物象や口語表現などが語彙選択のふるいからこぼれ落ちる傾向があります。そのため、市販の単語集だけに頼ると、TOEICや英検などには対応できるけれど、小説などを読んでいて、情景描写でイメージがつかめなかったり、くだけた会話や捻ったセリフがぴんとこないということがよく

起こります。自分でボキャビルリストを作るとこうした語彙をちゃんと拾い上げることができます。

③　後は読むだけ：永遠の楽しみ

速読体質もでき、ボキャビルも一定のところまで来ると、いよいよ一般の本の多読へ乗り出します。お疲れ様でした。後は好きなものを好きなように読むだけ。学習でもトレーニングでもなく、純粋な楽しみです。それも、命ある限り永遠に続く楽しみです。どうぞ、存分に楽しんでください。

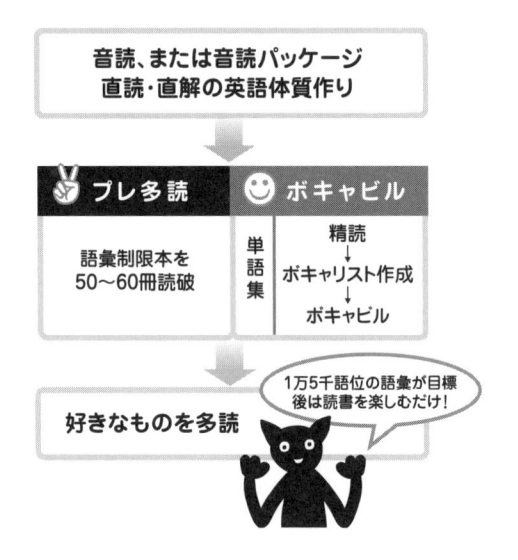

```
     音読、または音読パッケージ
     直読・直解の英語体質作り
              ↓
   ┌─────────────┬─────────────┐
   │  プレ多読    │  ボキャビル  │
   ├─────────────┼─────────────┤
   │ 語彙制限本を │単 │  精読    │
   │ 50～60冊読破 │語 │   ↓      │
   │             │集 │ボキャリスト作成│
   │             │   │   ↓      │
   │             │   │ ボキャビル│
   └─────────────┴─────────────┘
              ↓
                    1万5千語位の語彙が目標
     好きなものを多読    後は読書を楽しむだけ！
```

第3章　トレーニングの進め方

3

トレーニング実例

　ここでは、私が実際に指導した人たちの実例を紹介します。

若手商社マンA氏（TOEIC400前後→870）2年半強

　私が、A氏の英語学習を手伝うことになったのは、アイルランドからの帰国後数年して、知人を介してでした。当時A氏は、一浪を経て中堅の私大を卒業後、中規模の商社に入社して数年を経た頃でした。確か、25歳だったと記憶しています。貿易会社に入ったものの、英語がまったく話せず、どうしたらいいかと悩んでいる時に私に紹介されました。

　喫茶店で初対面した彼は、178センチの私がやや見上げる長身の好男子でした。竹を割ったような性格の彼に、私の方も明確に、学習法の概略、学習プランなどを説明しました。英語の学習は、勉強というよりスポーツのトレーニングに類似しているという私の話は、彼にとって目から鱗が落ちる感覚を与えたようでした。と、同時に学生時代スポーツに打ち込んで来た彼には、受け入れやすいものだったようです。その場で、「それでは、お願いします」ということになり、我々のパートナーシップが開始されました。

　彼の当面の目標は会社で要求される、TOEIC700。入社以来受けた3回のTOEICのスコアは300台後半から400ちょっということでした。しかし、大学受験期、英語は得意な方で、大手予備校の模擬

試験でも偏差値は常に60を越えていたそうです。知識がまったく稼動していない典型的なケースです。英語で話し掛けてみても私の言うことは半分もわからないし、自分では中学1年程度の文を組み立てることもうまくいきませんでした。私はまず中学2、3年のテキストを音読パッケージで仕上げることと短文暗唱＝瞬間英作文で中学英語の文型をマスターすることを課しました。また、ためしに中学テキストを読み上げてもらったところ、ローマ字読みの混じるかなりいいかげんなものだったので、あやふやな単語については必ず発音記号を調べ、モデルのネイティブ・スピーカーの発声に倣って音読するように指示しました。このいいかげんな単語の読みは、受験英語ではかなりまかり通っていて、テストではそこそこの点を取る学生が、「geography」を「ゲオグラピー」、「faith」を「ファイス」などと発音してくれて絶句させられることがあります。

　A氏の指導は、定期的なレッスンではなく、電話で連絡を保ち、必要な時に会って質問に答えたり、指示を与えるという形態でした。ムードで英語を始める人の大半は、この中学英語の基礎的トレーニングがこなせず脱落してしまうものですが、スポーツで鍛えたA氏にはどうということも無く、トレーニングは順調に進みました。中学英語のトレーニングがかなり進んだ頃、電話で話した際、彼はうれしい変化を私に告げました。週1回、会社が無料で行う英語の講座で、アメリカ人講師の言うことが非常によくわかるようになったというのです。眠っていた英語の基礎が稼動してきた兆しです。

　ほどなく、彼は中学の英語テキスト2冊の音読パッケージを終了しました。所要期間は4、5カ月でした（1冊あたり合計300回の反復がノルマで、現在の2〜3倍でした！）。そこで、短文暗唱＝瞬間英作文で中学英語をさらに熟成させながら、大学受験の英文法と精読

を復習するようにアドバイスしました。彼の場合、文の構造をしっかりと把握する精読の方法については問題ありませんでした。しかし、文法の方は、頭での理解はしているものの、声を出し、文を書き付け、サイクルを回す方法はまったく知りませんでしたので、喫茶店で1〜2時間かけて教えました。文の音読を実際にやる際、彼の声が大きく他の客の注視が集まったのを覚えています。

　そんな中、彼から、10カ月ぶり位に（私の指導を受け始めてから半年程度だったと思います）受けたTOEICで200点近くスコアが伸び、600台後半に入ったと興奮した声で電話が入りました。その後、A氏は、文法問題集2冊と英文解釈の本1冊を3〜4カ月で終了しました。中学英語による英語回路の設置は完了。大学受験レベルの文法、精読も完了。そこで、私は彼のトレーニングを、次のステージに進めることにしました。我々のパートナーシップ開始から7〜8カ月のことでした。

　音読パッケージのテキストのレベルを上げ、アメリカ英語教本中級用（研究社）のpresentation部分を使うようにアドバイスしました。短文暗唱＝瞬間英作文には「話すための英文法」①②（市橋敬三著。研究社）を勧めました。また、新たに通勤（往復で2時間強）時間を利用してプレ多読も開始してもらいました。まず、第一次として、私が持っていたladderシリーズや南雲堂の対訳本を合わせて20冊位を貸しました。アメリカ英語教本中級用の音読は1〜2カ月で終わったと連絡を受けたので、そのまま上級に進んでもらいました。「話すための英文法」も楽しく進んでいたようで、会社の無料英語講座でも英語がスムーズに出始めて講師や同僚が驚いていると嬉しそうに語っていたのはこの頃だったと思います。TOEICのスコアも、私のアドバイスを受け始めてから1年たったころには、会社が要求す

る700点をすでにクリアしていました。ただ、TOEICの700というレベルが、彼がイメージしていたほど高くないことを実感して、また、いまだ天井にぶつからない英語の学習も面白くなってきたということで、我々のパートナーシップはそのまま継続されました。

　A氏のトレーニングの進行はその後も順調でした。アメリカ英語教本上級用も終了。次の音読パッケージは彼自身が選んだもので、私も見せてもらいゴーサインを出したのですが、何だったのか思い出せません。「話すための英文法」の①②は4～5カ月で終了。次に「松本亨英作全集」（全10巻）を勧めました。私が貸していたプレ多読用の教材も読み終わったということでさらに20冊位を新たに渡しました。プレ多読に関しては通勤列車の中だけでなく、休日を利用してかなり集中して読んでいたようです。TOEICのスコアはこの時期700台を順調に伸びて行き、パートナーシップ開始から1年半を経た頃には780位になっていました。

　しかし、TOEICのスコアはこれをピークに伸び悩み始めました。というより、下降して、一度など700ぎりぎりまで落ち込みました。時々会う折、彼は英語の難しさをしきりに訴えました。ところが、時々英語で話すと、自信喪失の表情とはうらはらに初対面の頃とは比べ物にならない流暢な英語を話すのがちぐはぐでした。この時期、彼のトレーニングは音読パッケージが休止状態。短文暗唱＝瞬間英作文もペースダウンして、「松本亨英作全集」も3～4冊で足踏みをしていました。多読は順調で残りの本も完読、ladderシリーズ、対訳本、サイドリーダーなどを合計40～50冊くらい読んだことになります。そこで、今度はボキャビルに取り掛かりながら、一方で、学習者用でない、一般の新聞・雑誌・ペーパーバックを読み始めることをアドバイスしました。

A氏は、新聞はジャパンタイムズに決め、私の指示に従い、週に2～3回買い一面と社説および興味を持った記事を読むスタイルを取りました。雑誌は、TIME、NEWSWEEKは歯が立たないということで、リーダーズダイジェストを読むことにしました。ペーパーバックは厚い英語の本など読む自信がないと及び腰でしたが、私の勧めで、読み易いシドニー・シェルダンで入り、恐怖症が少し治ったようでした。ボキャビル、多読がペースに乗り始めた頃、彼のTOEICのスコアも安定し始め、700台後半に戻していました。彼からの電話による質問や会いたいという要請が急速に少なくなってきました。

　と、突然彼から明るい声の電話が来ました。TOEICでついに800を越えたという報告でした。確か830か840だったと思います。初対面の時から2年ちょっとだったと記憶しています。その後彼からの電話はさらに少なくなり、時折かかってくる際も一般的な近況報告で、英語に関する質問がほとんど無くなっていました。やがて、彼からの連絡は途絶えました。「あー、これで我々のパートナーシップは終了したな」という風に私は理解しました。私も自分のことで忙しく彼のことを徐々に忘れ始めていました。

　そんなある日、突然彼から電話がありました。私は急速に物事を忘れる人間なので、A氏のことを思い出すのに数秒を要しました。最後の連絡があってから半年以上が経過していました。A氏は私の近況や健康を尋ね、自分の近況について話しました。私は、体育会系の彼が、きちんとした形で我々のパートナーシップを終えたいのだなと感じました。「英語はどう？」と私は水を向けてみました。「あ、英語は順調です。もう普通に使ってるだけですけど。トレーニングは特にしてません。あ、TOEIC、870（880だったかな？）いきました」彼は、一時はあんなに捕らわれていたTOEICのスコアについては最

第3章　トレーニングの進め方

後に付け加えただけでした。「長い間、お世話になりました。一度お会いしてお礼を申し上げたいのですが…」体育会系のA氏でした。「ええー。いいよ、いいよ、そんなこと。それとも、何か貸してあったものがあったっけ？本とか」私が言うと、「いえ、本は全部お返ししました」と彼。「でも、最後にきちんとご挨拶しておきたいので…」律儀なA君ですが、私は「きちんとしたご挨拶」はするのもされるのもしんどい人間です。やんわりとそれには及ばない、どこかで偶然会ってお互い「やあ、久しぶり」というのが好きなのだと説明しました。「まあ、A君が僕のために、手編みのセーターでも編んでくれていて、手渡したいというのなら別だけど」季節は晩秋になっていました。私のくだらないジョークに真面目なA氏は苦笑しました。その後2、3言交わし我々は電話を切りました。

　A氏が本格的に英語のトレーニングを開始してから、TOEICスコア400前後から800台後半に達する期間は2年半程度と短いものでしたが、本人にはなかなか大変だったと思います。この期間、彼は会社の同僚などとの付き合いは必要最低限に抑えていたし、帰宅後の自分の時間や休日をほとんど英語に注いでいました。つきあいの悪さに、大学時代から付き合っていた恋人に振られるという苦い経験もしました。その頃、喫茶店で会った際、「彼女に振られました…」と告げた彼の消沈した表情は痛ましいものでした。普段は個人的なことを話す相手ではない私に対して失恋を告白した彼の心情は、誰かに聞いて欲しいというものだったのでしょう。恋愛指南役ならぬ私は「ああ、そう。残念だったね」といったきり口をつぐむしかありませんでした。胸の中では、「泣くなA君。いい女性はまた見つかるさ。これくらいのことで愛想をつかす女の子は、どこかでいずれ別れることになってるさ」と呟いていましたが。

A氏の学習進行過程

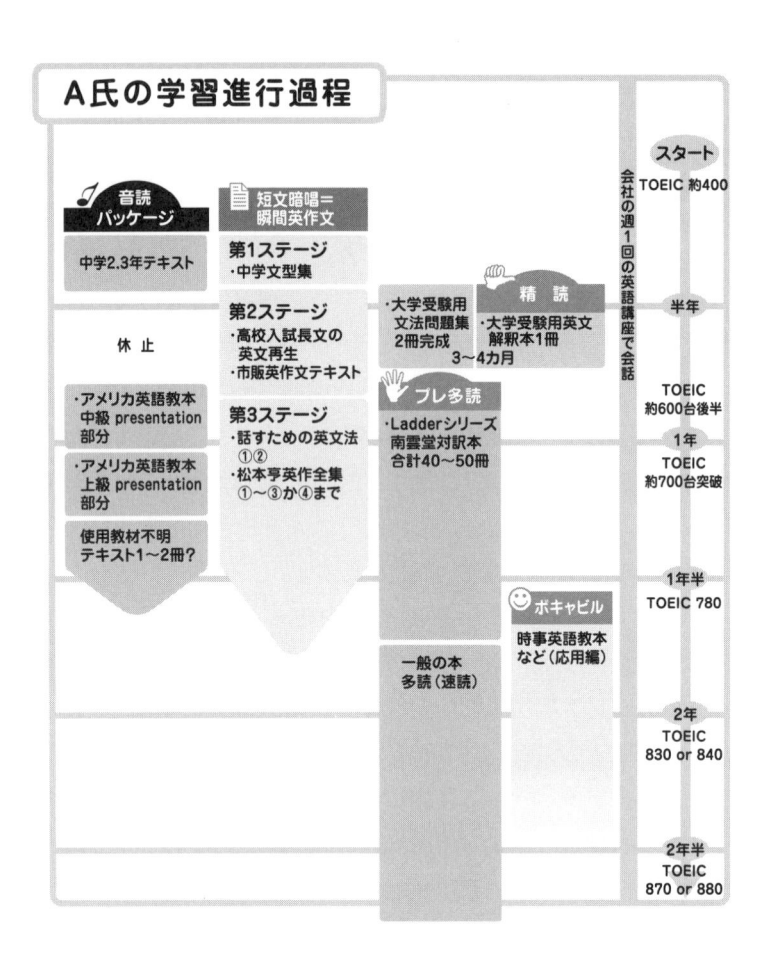

音読パッケージ	短文暗唱＝瞬間英作文		精読	会社の週1回の英語講座で会話	
					スタート TOEIC 約400
中学2.3年テキスト	**第1ステージ** ・中学文型集				
		・大学受験用 文法問題集 2冊完成	・大学受験用英文 解釈本1冊 3～4カ月		半年
休止	**第2ステージ** ・高校入試長文の 英文再生 ・市販英作文テキスト				TOEIC 約600台後半
・アメリカ英語教本 中級 presentation 部分	**第3ステージ** ・話すための英文法 ・松本亨英作全集 ①～③か④まで	**プレ多読** ・Ladderシリーズ 南雲堂対訳本 合計40～50冊			1年 TOEIC 約700台突破
・アメリカ英語教本 上級 presentation 部分					
使用教材不明 テキスト1～2冊？			**ボキャビル** 時事英語教本 など（応用編）		1年半 TOEIC 780
		一般の本 多読（速読）			2年 TOEIC 830 or 840
					2年半 TOEIC 870 or 880

高きを目指す女性 B さん（TOEIC500 台後半→850）約 2 年半

　B さんが私の元に訪れたのは '99 年 1 月。もっとも初期に私の教室を訪れてくれた人です。前年の 10 月に教室を開いたものの、いやー、暇で、暇で。しばらくは、生徒がさっぱり集まらず、毎日九十九里の海行っちゃ、投網でボラとってましたしだよ、私は。まあ、無理もありませんでした。たまに問い合わせがあっても、「勉強やだけど、英会話チョーうまくなりたーい」などというのは、自動的にお引き取り願ってましたから。

　B さんが訪れたのはそんな折でした。彼女が本気の学習者であることは電話で話してすぐにわかりました。教室に来てもらった際に、彼女は私が教えたかった学習者であり、彼女にとって私の教室は探していた場所であることが確認できました。

　B さんは 30 歳台前半の、医薬系の専門職に就かれている知的な女性でした。英語学習の目標水準も非常に高く、「どのあたりまでおやりになりたいですか？」という私の問いに、「日本語と同等に使えるレベルまで」と冷静な顔で答えました。冷や汗を拭いながら、私は答えました。「私自身そのレベルには程遠いのですが、そこにたどり着くのに絶対に通らなければならない中継地点になら確実にお連れできますよ」。そして、私たちのパートナーシップが始まりました。

　彼女は、私の教室に来る 10 年程前に英検 2 級を取り、同時期に受けた TOEIC では 495 点でした。その後独学で勉強を続け、1 年前から大手の英会話学校で週 1 回のレッスンも受けていました。しかし、学習の内容を細かくきいてみると、大学受験の学習を繰り返している形態で、肉体的なトレーニングがほとんどなく基底能力を高めるのは困難なスタイルでした。また、基底能力の低い状態で、週 1 回程度の会話レッスンを受けても英語力に根本的な変化は起こりません。た

めしにアルクの TOEIC 模試で力を図ってみると 580 点という判定が出ました。確かに、力は上がっていますが、10 年の成果としては満足の行くものではありません。

　まず、中学テキスト Sunshine の 2 年、3 年用の音読パッケージと、中学文型の短文暗唱＝瞬間英作文を開始しました。授業では、彼女の弱点である文法・構文の理解に力点を置きました。B さんにとって、テキストをお腹から声を出して音読するのは初めての経験だったようで、早速始めた音読パッケージトレーニング中に貧血を起こしたそうです。これは、その後も、何人かの生徒に報告を受けました。しかし、声を出すトレーニングにもすぐ慣れ、トレーニングは順調に進みました。B さんはフルタイムの仕事をもつキャリア・ウーマンで、しかも仕事の内容は非常に神経を使うものなので、平日帰宅後のトレーニング時間は平均 2 時間弱、しかし数年で大幅に英語力を伸ばすためにはやや少ないので、休日に学習時間を多めに取るスタイルでした。

　1 月に始めた音読パッケージはほどなく終了したので、すでに精読をすませていたアメリカ口語教本上級用に入りました。短文暗唱＝瞬間英作文は中学 3 年分の文型別文例集 3 冊（約 1200 文）を完成しました。しかし、ばらばらの英文を素材にするこのトレーニングを彼女はあまり好きになれないようなので、続けて「中学英語 24 時間話せる」などに進むのは見送ることにしました。また、機械的に単語を覚えていくことにも気が進まないようなので、ボキャビルトレーニングの開始も延期することにしました。当面は、肉体的トレーニングは音読パッケージに絞り、後は精読、文法の学習に集中することとなりました。しかし、力はじりじりとつき、彼女は秋には過去に何度か落ちていた英検準 1 級に合格し、年が明けて '00 年 1 月の TOEIC の

スコアは680点になっていました。

　Bさんの英語力はこの後やや伸び悩むかのように見えます。5月に受けたTOEICでは前回とまったく同じ680点でした。しかし、中級レベルになると多少の足踏みはごく普通のことです。このレベルになると次の段階に進むのに時間がかかるようになり、その間、ぴたりと歩みが止まっているかのように感じることがあります。しかし、実際には英語力は潜在的に蓄え続けられています。いわゆるプラトーという段階です。英語力が右肩上がりで上がっていくのは初心者の頃だけで、ある程度力がついてくると、頻繁に、このプラトーにぶつかることになります。船が動かない凪のようなこの時期に多くの人が英語の学習を投げ出してしまいます。英語の学習を開始する人の80パーセント以上は、スタート直後に学習の単調さに耐えられず投げ出してしまいますが、次に危険なのは最初のプラトーに出くわす時です。実際には、慌てずにしばらく学習を続けていれば、また英語力は伸び始めます。

　Bさんも最初のプラトーに遭遇したわけです。誇り高い彼女は泣き言など言いませんでしたが、多少の落胆はあったようです。私は、これは正常な、予期されたことなので気にせずトレーニングを続けるようにアドバイスしました。一方、トレーニングでは、新しいメニューとして、プレ多読を開始してもらいました。精読はしっかりとできていたし、短文暗唱＝瞬間英作文などの肉体的トレーニングが少なくなっていたので、いいタイミングだったのです。彼女は、教室に用意してあるladderシリーズやハイネマンなどの語彙制限本でプレ多読を行うことにしました。もともと読書家の彼女にとってこれはスムーズに行えるトレーニングで、週に2冊くらいのペースで読破していきました。音読パッケージはアメリカ口語教本で継続、授業では

相変わらず文法、精読に重点をおいていました。

　Bさんは、ladderシリーズ、ハイネマンを合計40冊以上、半年を経ず読み上げてしまいました。英文の流れに乗る体質ができ上がったので、プレ多読を終え、一般のペーパーバックの読書への移行にゴーサインを出しました。音読パッケージはアメリカ口語教本の上級用のpresentation部分を用いていました。授業では、ジャパンタイムズ社説集の精読と文法の問題集が中心です。このようなトレーニングを続ける中、Bさんは、プラトーを脱出し、11月のTOEICでは760点でした。

　この時期Bさんの英語トレーニングは多読中心で進みましたが、音読パッケージはやや飽きてきているようだったので、変化をつけるために、シャドーイングを集中的に行うことにしました。10分ぐらいのインタビューを1〜2カ月かけて完成度の高いシャドーイングができるようにするというプロジェクトです。このトレーニングの成果は劇的な形で現れました。'01年3月のTOEICでBさんは810点と、ついに800の大台に乗ったのですが、この際リスニングセクションは、4カ月前から85点も伸び470点になったのです。彼女によると、生のインタビューの不明瞭で早口の英語に慣れたため、TOEICの英語は実にはっきり、ゆっくりと聞こえたそうです。

　もともと読書家であるBさんの多読は順調で、「ハリーポッター」、シドニー・シェルダン、ダニエル・スティール、スティーブン・キングと読破していきました。数冊の問題集をこなして、文法もかなり安定度を高めてきました。7月のTOEICで彼女のスコアはまた伸び850点でした。

　その後も彼女のペーパーバックの多読は進みました。彼女は読み終わった後、とっておく必要のない本は教室に寄付してくれるので、私

の教室の本棚には彼女から譲り受けた 10 冊以上のペーパーバックが、他の生徒の貸し出し用に並んでいます。その後、Bさんは多少のリバウンドと、健康上の理由による数カ月の休養をはさんでTOEICではいわゆるAクラスの860点に達しました。

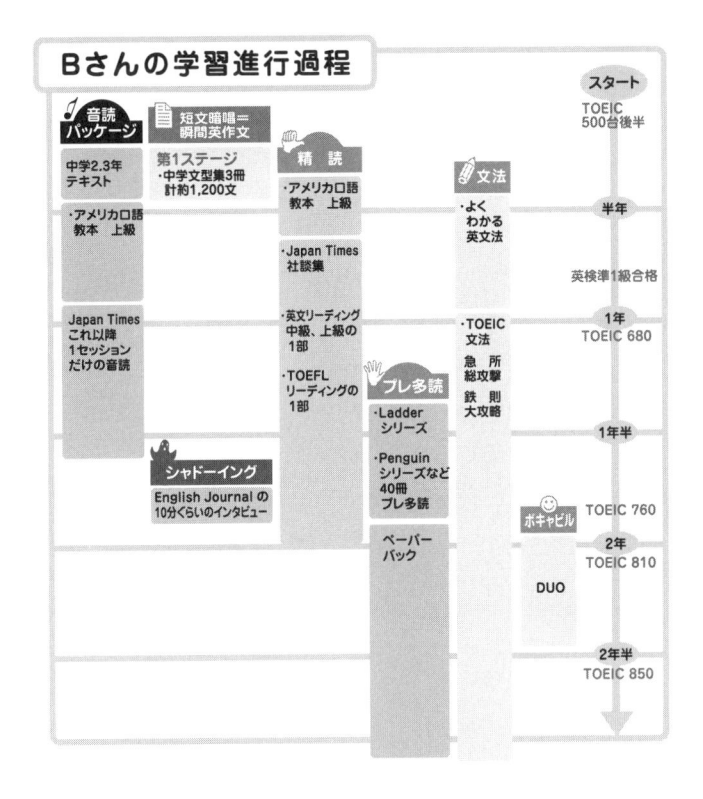

Bさんの学習進行過程

音読パッケージ	短文暗唱＝瞬間英作文	精読	プレ多読	文法	ボキャビル	進捗
中学2,3年テキスト	第1ステージ・中学文型集3冊 計約1,200文	・アメリカ口語教本 上級		・よくわかる英文法		スタート TOEIC 500台後半
・アメリカ口語教本 上級		・Japan Times 社説集				半年 英検準1級合格
Japan Times これ以降1セッションだけの音読		・英文リーディング 中級、上級の1部 ・TOEFLリーディングの1部	・Ladderシリーズ ・Penguinシリーズなど 40冊 プレ多読	・TOEIC文法 急所総攻撃 鉄則大攻略		1年 TOEIC 680 1年半
	シャドーイング English Journalの10分くらいのインタビュー		ペーパーバック		DUO	TOEIC 760 2年 TOEIC 810 2年半 TOEIC 850

マイペースのCさん（英検2級以前＝TOEIC400前後〜745）約1年半

　Cさんが私のもとを初めて訪れたのは'99の夏で、当時彼女は大学3年生でした。私はいつものごとく英語の上達に必要なトレーニングについて説明しました。どうやら彼女は手っ取り早く英語がモノになる秘法のようなものを聞けると思っていたらしく、その時は入塾せず帰っていきました。私のところに来て、英語を上達させるにはそれなりの時間と努力が必要だということを知り、失望してそのまま帰る人は多いので、私は彼女のことは特に記憶にとどめていませんでした。

　同じ年の暮れ近く、再び彼女から連絡がありました。いろいろ考えた末、私のメソッドでやってみる決心をしたというのです。Cさんの当面の目標は、英検の2級合格でした。ためしに、過去問を解いてもらうと、正解率は4割5分程度、語彙の問題は全滅に近い状態でした。語彙強化を中心に英検対策をやり、6月の本番で合格基準点に達することはできるでしょう。しかし、私の教室ではこういうことは一切しません。私の教室は、英検やその他の英語資格試験の受験対策塾ではないからです。私がやることは、学習者の基底能力を根本的に底上げすることだけです。

　確かに英検のように対策をしやすい試験（それも2級までででしょうが）の場合は、問題解きなどの学習をすることが、合格のために有効でしょう。しかし、そうした方法で合格してもその人の英語力そのものが上がったという保証にはなりません。テストを受けるにせよ、あくまでも道しるべとして使い、「〜テスト…日で合格」という教材で受験勉強するのではなく、基礎力そのものを底上げするトレーニングを積み、テストの直前に過去問などに少し当たってみれば十分です。それでも、正確に基底能力を測定するTOEICやTOEFLなどの

スコアはぐんぐん上がっていくし、英検のように癖のあるテストでもいずれ受かります。

　Cさんの学習は、2000年1月から始まりました。まずは定番の中学2、3年のテキストの音読パッケージ。そして、中学文型の短文暗唱＝瞬間英作文です。Cさんは3カ月程で、中学2年、3年用のテキストの音読パッケージを終え、3冊の短文暗唱＝瞬間英作文テキストも終了しました。ちょうどその時期に、彼女は3月のTOEICを受験しました。指導が始まりすぐに彼女の潜在能力に気づいた私は、なかなかのスコアが出るのではと思っていましたが、案の定いきなり610点を取ってしまいました。彼女が英検2級取得を目指した理由の1つには、就職活動の際履歴書の資格欄に記入したいということがありました。その点ではよりポイントの高いTOEIC600以上でこと足れりと、英検受験はあっさりとキャンセルしてしまいました。

　しかし、ここからが問題でした。教えるうちに彼女の頭の良さはわかってきましたが、しかしその能力を半分も使おうとしないタイプだということもはっきりしてきました。まず、トレーニング時間の問題。Cさんは効率よく大学の単位を取ってしまい、4年次にはあまり通わなくてもいい状態でした。ですから、英語のために使える時間がふんだんにあるはずです。ところが彼女の1日あたりの学習時間は1時間程度でした。多忙な社会人でももう少しやるところです。理由をきいてみると、「私はテレビっ子なんです。それからTVゲームマニアなんですよ。この2つに1日10時間は必要なんです」。めまいを抑えつつ、しばらくの間、英語の優先順位をテレビとゲームより上にできないだろうか？と聞くと、それはできないときっぱり拒絶。それでは、テレビとゲームに費やす10時間のうち2〜3時間を英語にまわすのはどうかとご意向を伺うと、「そんなことしたら、わたし気が

狂いますよぉ！」とさ。次はトレーニングの好き嫌いの激しさです。Cさんは、精読のように頭を使い勉強することは苦にならないのですが、肉体系、反復系のトレーニングが嫌いでした。

　そういうわけで、彼女の英語トレーニングは授業の精読中心。音読パッケージはやるものの完全にこなすのは第1サイクルだけで第2サイクルでは嫌いな個所は飛ばしたり、反復回数を極端に減らしてしまう不完全な形でした。短文暗唱＝瞬間英作文は中学文型の後、「中学英語で24時間話せる」に進めてはみたのですが、まもなくストップしてしまいました。私は頭を抱えたまま、精読と文法を中心にトレーニングプランを進め、なんとか続いている音読パッケージが短文暗唱＝瞬間英作文のように立ち消えにならないように気を配りました。時々、ハッパをかけようとするものの糠に釘の状態で、Cさんはまったくマイペースの学習スタイルを守っていました。

　TOEICの好スコアで幕を開け、2000年は実り多い年になるはずでしたが、その後ほとんど動きがありませんでした。中学英語の音読パッケージと短文暗唱＝瞬間英作文の後、消化した内容は「速読速聴英単語」（増進会）の精読およびその不完全な音読パッケージ、「シリウスジュニア」（旺文社）による文法の要約といった程度でボリュームの無さは覆うべくもありません。

　そんな中、前回から1年を経て、'01年3月に受験したTOEICで、Cさんのスコアは690点。彼女の潜在能力を考えると普通程度にトレーニングしていれば最低でも800点台に乗っていたでしょうからいかにも不満足な伸びです。ただ、英語力が伸びているのも事実です。しょっぱなのトレーニングででき上がった英語の初期回路が、その後も細々と続けた音読パッケージのおかげで保たれ、精読などからの栄養分の吸収率を高めてくれたのが一因。もう1つは精読と文

法問題集をやったことが、大学受験経験者とは信じられないくらい低かった語彙と文法力を多少は引き上げたことでしょう。

　一方、彼女の進路には大きな変更がありました。大学卒業後就職した会社を早々に辞め、彼女はオーストラリアへの留学を決めたのです。9月の留学まで私のもとでの学習を継続するということでした。それでは留学を有意義なものにするためには、少しペースを上げ英語力をもう一段上げようと、私は提案し、彼女は私が作るプランを実行することに同意しました。ところが、一向にトレーニング量は上がらず、週ごとの課題もほとんど消化できません。ある日、とうとう業を煮やした私がきつめの言葉を投げると、気の強い彼女も言い返し口論になってしまいました。彼女はかなり頭に来たらしく、ブレーク時間に私が出すコーヒーにも口をつけず、授業が終わると憤然と帰ってしまいました。あらら、パートナーシップもこれで解消かと思っていると、翌週Cさんは何事も無かったかのように教室にやって来ました。

　こうして、私たちのパートナーシップは'01年の7月一杯まで継続しました。オーストラリア留学を目前に控えやや本腰を入れたCさんが約4カ月で消化したメニューは次のようなものでした。まずは、弱点の語彙力を上げるために「DUO」によるボキャビル。英文リーディング大作戦（初級）」（三省堂）の精読及び音読パッケージ。「速読速聴英単語」の少ない反復回数でのリピーティング、シャドーイングのサイクル法による復習。7月の終わりにこれが完成し我々の1年半程のパートナーシップも終了。と同時に彼女は留学前の最後のTOEICを受験。スコアは745点でした。Cさんは9月にオーストラリアに飛び立ちました。

　Cさんはオーストラリアから何回か楽しいメールをくれました。彼女はオーストラリアで2年勉強して、彼の地の大学を卒業して帰

国。帰国後、彼女らしく何の準備もせずに受験した TOEIC のスコアは 935 点でした。準備をしていたら、950 点は越えていたことでしょう。

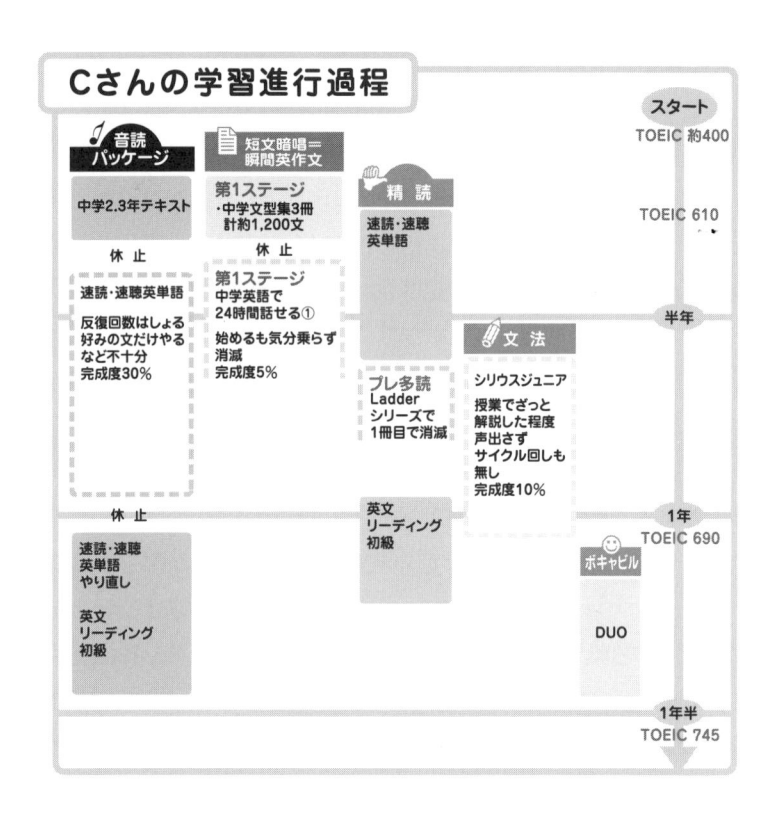

Cさんの学習進行過程

スタート TOEIC 約400

音読パッケージ
- 中学2.3年テキスト
- 休止
- 速読・速聴英単語
  反復回数はしょ␣好みの文だけやるなど不十分
  完成度30%
- 休止
- 速読・速聴英単語やり直し
- 英文リーディング初級

短文暗唱＝瞬間英作文
- 第1ステージ
  ・中学文型集3冊
  計約1,200文
- 休止
- 第1ステージ
  中学英語で24時間話せる①
  始めるも気分乗らず消滅
  完成度5%

精読
- 速読・速聴英単語
- プレ多読 Ladderシリーズで1冊目で消滅
- 英文リーディング初級

TOEIC 610

半年

文法
- シリウスジュニア
  授業でざっと解説した程度
  声出さず
  サイクル回しも無し
  完成度10%

ボキャビル
- DUO

1年　TOEIC 690

1年半　TOEIC 745

第4章
トレーニングを継続するために

効果のある方法を確立して、後は学習・トレーニングを継続さえすれば、外国語の力は向上していきます。しかし、人間には気分の浮き沈みがあり、機械のごとく淡々と一定のリズムを刻んでいくのは至難の業です。学習を続けていくためには心理的、人間工学的な工夫も必要になります。この章では、英語の学習・トレーニングを継続するためのさまざまなアドバイスを提供していきます。

1 ●倦怠を飼い慣らす

　英語の学習を始める人には、倦怠を当然のこととして予期しておくことを勧めます。せっかく胸をわくわくさせて学習を始めるところなのに、水をさすようなことを言いやがる、とお思いかもしれません。しかし、物事には予防策というものが必要です。倦怠は外国語の学習において避けて通れない、そして継続を妨げる最も大きな問題です。これは英語を学習するすべてのレベルの人に共通の問題です。しかし中級程度のレベルに達した人なら、英語学習に付きまとう倦怠はよくご承知だし、またその処し方もご存知でしょう。倦怠の問題について

第 4 章　トレーニングを継続するために

特にアドバイスしたいのは、この問題に対して免疫のない初心者の方々です。

　英語の学習を続けることは難しいことですが、英語学習を始めた人の 90 パーセント以上は初心者の段階で学習を放り出します。学習を始めて程なく訪れる倦怠を上手く処理できないことが第一の原因です。外国語には華やかで楽しげなイメージが付きまといます。確かに、流暢な英語を操りパック旅行ではなく個人旅行を楽しんだり、翻訳を介さず英語の原作を読めたりすることは快適なことでしょう。しかし、こうしたことは英語学習の成果として訪れる状態で、学習を始めた翌日に成就されるものではありません。成果を上げるためにはある程度単調なプロセスが必要です。

　外国語の学習はどこか結婚に似ています。愛する相手と共に暮らすことは、喜びが永久に続くことだと信じ結婚生活を始める男女。しかし、熱に浮かされたような歓喜の日々が続くのは、数週間から数カ月でしょうか？打ち鳴らされる幸福の鐘の余韻は次第に消え失せ、やがて恋の熱にぼかされていた生身の相手と直面する時が来ます。結婚生活を続けるためには倦怠との折り合い、多くの妥協・忍耐を要するでしょう。同じように、英語の学習を始めた当初は、夢は膨らみ、モチベーションも高いものです。しかし、成果は一朝一夕で現われるものでなく、モチベーションは低下していきます。学習を始めたときには輝いて見えた教材類も次第にその光を失い、手に取る頻度が落ちていくのです。やがてまったく触れられなくなった教材類は本棚の片隅や押入れの中で風化することになります。

結婚生活に飽きても、離婚に踏み出すには、さまざまな障害や多くのエネルギーが必要なので、離婚率が上昇しているといっても結婚生活の過半数は危機を乗り越え存続していきます。しかし、英語学習に飽きて学習を投げ出してしまうことはいともたやすいことです。英語学習を止めても、周囲に迷惑がかかるわけでもなく、誰が傷つくわけでもありません。禁煙やダイエットに挫折した時と同様に、自尊心がわずかばかり損なわれる以外は。

　私は、外国語の学習を成功するためには、常に脳天気と言っていいほどのポジティブ思考が重要だと考えています。それなのに、やや憂鬱な話から始めたのは、学習の初っ端から「倦怠」はどうしても避け得ない問題だからです。道程の少し先のことなら、スタート地点では敢えてそのことに触れず、来るべき時が来た時に詳しく話すという措置も取れます。しかし、倦怠は、英語学習を始めた途端に直面する問題です。そして、そこでほとんどの初心者は息絶えるのです。

　あまりに薔薇色の展望だけで英語学習に乗り出すと、日々のトレーニングの単調さと効果の見えるまでの過程の長さに失望し臍をかむことになりかねません。晴れの日は毎日続くわけもなく、雨の降る日が必ず訪れます。雨を初めから予想し、雨の日をどう快適に過ごすかを考える方が賢明というものです。英語学習につき物の倦怠を初めから計算に入れ、飽きが来た時には、「おっ、来たな」と冷静に受け入れ、うまく付き合うことを覚えてください。やがて、倦怠を飼い慣らすこともできるようになり、そうすれば英語習得の最大の障害に対しても免疫ができたことになるのですから。

第4章　トレーニングを継続するために

2●トレーニング開始時の飛ばしすぎにご注意

　意欲満々で開始する英語学習。でも、序盤の気合の入れすぎにはご注意を。倦怠と共に、スタート時の飛ばしすぎは、特に初心者の学習挫折の主要な原因のひとつです。

　猛トレーニングで一挙に英語習得とばかりにはやる気持はわかりますが、序盤からの全力疾走はそうそう続かないもの。英語を身につけるためには質量共に充実したトレーニングを積むに越したことはないのですが、学習を開始したばかりの人が、いきなり1日に何時間にも及ぶトレーニングをするのは気をつける必要があります。まだ長時間のトレーニングに慣れていない体質ですので、オーバーワークの疲労が残りやすく、初めの数日の興奮状態が過ぎたあたりから、この疲れが英語学習に対するネガティブな感情を醸成し始めます。

　また、英語力は数日や数週間程でにわかに向上するものではありませんので、こんなにやっているのに報われない、という感情も生まれやすいものです。疲労と徒労感が悪循環を始めると、初心者のトレーニングは終焉に転げ落ちていくのです。

　英語学習の継続は運動を続けることと同じです。例えばジョギング。私は、ジョギングを続けようと思いながら何度も挫折しました。よ〜し、やるぞと決意に燃える初日。ひいひい言いながら走るのを見られるは恥ずかしいので、日が暮れてから満を持して外に出ます。まずは、1〜2キロは走っておかないとな、と勢い込みます。ところが、この1〜2キロさえ、鈍りきった体にはきついものです。なんとか、歯を食いしばって走り抜くものの、ノルマを終えると息は切れ、脚はがくがくの状態です。翌日また、ジョギングに行こうとすると、前日の苦しさが蘇って、くら〜く、おも〜い気分になります。久しぶりの

運動で筋肉痛なども起こっていたりすると、辛い気分に拍車がかかります。それでも、なんとか2日目のノルマを果たすものの、もう苦行そのもの。何日目かに雨が降ったりします。「雨の日にジョギングなんてとんでもない。路面が滑って危ないし、風邪をひいたりしたら馬鹿らしいからな。俺は意志薄弱でジョギングしないんじゃないぞ。これは不可抗力なんだ」と自分に言い聞かせます。それから、雨を心待ちにするようになります。やがて、自分に対していろいろな言い訳を作り、雨ならぬ美しい星空の夜でさえジョギングに出かけなくなるのです。流れ星が頭に当たる危険があるわけじゃなかろうに…

　何度目かの挫折を経て、またジョギングを始める際、私は図書館で見つけたジョギング指導書のアドバイスに従ってみることにしました。まず、初日は数百メールで切り上げです。初めの1週間は距離を増やさない。ジャージに着替え、ジョギングシューズを履いて、外に出るものの、ほんの10分もしないうちに帰ってくるのです。次の週は少し距離を伸ばすものの、少しでも息が切れたらそこでストップです。

　そんな風に徐々に距離を伸ばしていきます。とにかく苦しい思いをしない。疲れたらやめるのではなく、疲れの予感が来た段階で走るのをやめてしまうのです。物足りなさを感じるくらいのところで切り上げるのが味噌です。こんな風に続けていくうちに、まずジョギングに対する気の重さがまったくなくなってしまいました。ジョギングは果たさなければならない義務ではなく、1日の終わりの快適な気分転換に変わりました。そうこうするうちに、こんな怠惰な走り方にもかかわらず、苦痛なく走れる距離は順調に伸びていきました。そして、10

キロ走れるまでに半年としていた計画は前倒しされ、3〜4ヵ月後には快適に 10 キロ以上走れるようになっていました。

英語学習を開始される方には、是非このやり方で始められることをお勧めします。1 日の学習時間を、例えば 3 時間にすることを目標にしていても、最初は 10〜20 分から始めてみるのです。あえて、もう少しやりたいな、というところで学習を切り上げてみるのです。そして、英語を学習することに頭と体が慣れていくにつれて、徐々に時間を延ばしていきます。数カ月もすると、ねじり鉢巻、唇を固く結んでという必要もなく、ごくごく自然に当初目標とした学習時間をこなせるようになっている自分を発見するでしょう。

3 ● 場所と気分を変えてトレーニング効果を上げる

ちょっと場所や気分を変えると、同じ作業でも、ビックリするくらいに負担が軽く、快適になることがあります。例えば、ジョギングをする際、同じコースを周回するのと、風景が変わるコースでは同じ距離、時間でも疲労度がまったく異なります。私は、数年前から、アスファルト上を走ると膝に痛みを覚えるようになり、土の上を走るため現在はやむを得ず近くの公園内を走っているのですが、これが実にこじんまりとしたコースで、1 周するのに 2 分もかかりません。ですから、単調なコースを何十周もすることになり、狭いケージの中で車輪を回すハムスターのような気分になってきます。それでも、1 週間に 1 回程度は、外のコースを走ることにしており、この際は移り変わる風景の中で走れるので、実に気分爽快、気持の乗り方が違います。

ややもすると単調になりがちな英語学習・トレーニングですが、こ

のようなちょっとした変化、演出がトレーニングの単調さを著しく軽減してくれます。いくつかの方法を提案してみます。

①室内で―じっとしないで動き回る

　大きな声を出す音読系のトレーニングでは、行う場所はどうしても自室になります。ただ、私はじっとしていると閉塞感を感じるタチなので、はじめ座っていたかと思うと、やおら立ち上がり、室内を歩き回りながら行なっています。リピーティングなどでテープをかけている時は、1セクション終わって巻き戻さなければいけなくなると、また元のポジションに戻ってくるという具合です。端から見れば、ノイローゼの熊のように落ち着きがないかもしれませんが、これが私にとっては最善の方法なのです。もとより、1人でやるトレーニング、人目を気にする必要はありません。

　外国語の学習はお行儀良く行わなければならないというルールなどありません。自分がリラックスできる姿勢・スタイルを選ぶといいでしょう。

②お気に入りの場所に出かける

　外に教材を持って出ることもお勧めです。私の場合は海が近いこともあり、よく車で海岸に行き、短文暗唱＝瞬間英作文・フランス語作文などを行います。海原を眺め、潮騒を耳にしながらぶつぶつと短文を口にするのですが、「お勉強」の窮屈さは全然感じません。それでも、ちょっと飽きると、テキストを放り出して車の外に出て、釣りや投網をしている人の釣果を覗いたり、砂浜を散策して気分転換、また車に戻りトレーニング再開、と実に気ままにやっています。

近くに海はないし、車にも乗らないという人でも、快適な場所はいくらでも見つかるでしょう。徒歩か自転車で近所の公園に出かけてみてはいかがでしょうか？ベンチに腰掛け、花々や木々に囲まれながらテキストを開いてみるといいでしょう。

③通勤・通学の電車の中で

　定番の方法ですが、車内学習は外国語学習の機械的部分を消化するには格好の方法です。電車内はできることが少ないので、他の場所なら避けられないもっと楽しい活動の誘惑がないからです。私自身、バイト先への電車の往復の時間を利用し、数カ月で数千語のボキャビルをしたり、短文暗唱＝瞬間英作文を行い大きな成果を上げました。ボキャビルをすませた後は、ペーパーバックや英文雑誌の多読にも車内空間を大いに活用させてもらいました。振り返れば、私の英語力の相当部分は電車内で形成されたと言えます。

　私の教室でも、かなりの時間を通勤・通学の車内で過ごす人がいますが、モチベーションの高い人は、この時間を上手に活用するので、学習時間の不足に悩むことはありません。あるビジネスマンは、車内学習ができる週日はしっかりトレーニングできるが、週末は家庭サービスをしなければならないので、むしろトレーニング量が落ちてしまうとこぼしています。まあ、まずは家庭円満がなによりですから、仕方ないですね。

　最近では、車内で携帯メールに没頭している方も多いですが、英語上達を本当に望み、通勤・通学で、長時間電車内で過ごす人にとって、この時間を有効に使うか否かはトレーニングの成果に大きな影響

を及ぼします。

④車の運転中

　1日に一定の時間車の運転をする人は、この時間も英語学習に使わない手はありません。私は以前横浜に住んでいた頃は、車を持つ必要も、その気もありませんでした。しかし、房総の田舎に移ってからは環境が一変しました。とにかく車がないと生活できないのです。必要に迫られて、マイカー生活を始めましたが、これはこれで機動性があり快適です。首都圏の渋滞とは無縁ですし。今では年間2万キロ以上走っています。こうなると、この時間を無駄にしてしまうのは惜しいので、動くトレーニングルームとして使っています。

　車の中で行なうのは、リスニング、リピーティング、シャドーイングです。私の生徒の多くもマイカー内トレーニングを実践しています。あるビジネスマンは私が課すリピーティングトレーニングのかなりの部分を運転中に行っています。その方はマイカー通勤の往復に必ず渋滞区間があり、その時間にリピーティングトレーニングをするそうで、英語力がつく上にいらいらすることもなくなり一挙両得だそうです。

　マイカー内トレーニングの大原則は、安全運転です。車が滑らかに走っている時は、運転に集中。英語トレーニングはラジオ番組や音楽のようにせいぜい聞き流し程度にとどめます。信号待ちや、渋滞の時にリスニングやリピーティングなどを行うといいでしょう。なにより大切なのは、歩行者の保護、そして自分の安全です。この程度のトレーニングでも、長い期間のうちに大きな効果を上げるものです。

⑤ウォーキングしながら

　私がウォーキングと外国語学習の相性が抜群だということに気付いたのは、ごく最近のことです。私は有酸素運動としては、ウォーキングより単位時間当たりの消費カロリーが多いジョギング派です。しかし、去年（2004年）体調を崩し、まったく運動ができない時期があり、体調が良くなった年明け位からチューンアップのためにウォーキングを始めました。と言っても、負荷の掛かるようなペースではないので、散歩といった方が良いかもしれません。始めてみるとなかなか快適でしたが、1人で1時間ばかりを歩くのは多少退屈で、またこの1時間という時間が、歩くためだけにはもったいなくも感じました。そこで、ウォーキング中にウォークマンを使いリピーティングをすることにしたのですが、これが大当たりでした。

　リピーティングを行うのは、フランス語だったり英語だったり、その日の気分です。景色を眺めつつ快適に散歩しながらのリピーティングには、トレーニングの堅苦しさはまったくありません。また、リピーティングという作業が、1人で歩く退屈を埋めてくれます。つまり、リピーティング、ウォーキングそれぞれのわずかなマイナス面が相互の作用で完全に埋められて、言うことなしなのです。

　私がウォーキングをするのは、川岸に沿って流れを辿り、川が九十九里の海に注ぐ河口で折り返すという絶好のコースです。きらきら輝くせせらぎを眺めながら歩を進めていると、どこからともなく白鷺が現われ、優美な舞いを披露してくれます。小さな水鳥達の可憐できびきびした動きも見ていて飽きません。もちろん、その間もしっかりと行っているリピーティングは、頭が完全にリラックスしているので、

とても質の良い状態で行えます。やがて、海岸に着くと、白波に目をやりながら潮風を吸い込んで、折り返しです。全行程、実に快適で幸福感で満たされ、最近になるまでこの方法を行なってこなかったことが悔やまれるほどです。ただ、最近は体調がすっかり良くなり、ジョギングとウェートトレーニングを再開したため、ウォーキングのための時間を毎日捻出するのは難しくなったのが悩みです。

　ウォーキングしながらのリピーティングはテキストを持たずに行うので（そのほうが快適でしょう？）、初級から中級の人が行うには、すでに音読パッケージを完成しているか、ある程度トレーニングの進んだ素材を使うと良いでしょう。

　英語を身につけるためには、当然ながらある程度の努力は必要です。でも、それを求道僧よろしくしかめ面で行なう必要はありません。どうせやらなきゃならないなら、なるべく楽しく快適に。私が紹介した方法はほんの一例です。わずかばかりの工夫と遊び心で、あなたに適したスタイル、方法がいくらでも見つかるでしょう。

4●積極的に休息を取る

　英語学習・トレーニングを継続し、良い結果を得るためには積極的に休息することが必要です。1回の学習・トレーニングの中でも、数十分に1回はこまめに休憩時間を入れるべきです。人間の集中が続く時間はそんなに長くはありません。気がそぞろになったり、ちょっと飽きを感じたら5〜10分のブレークを取って、それからセッションを再開する方が、何時間もぶっ続けに行うよりもずっと効率がいいものです。

第4章 トレーニングを継続するために

　中期・長期のトレーニングプランでも、計画的に休息期間を組み込んでください。外国語の上達度は詰まるところ、その言語に触れている時間の総量で決まるものです。TOEIC300点位の日本人が900点レベルに達するには、4000時間前後英語に触れる必要があるとされます。単純に考えれば、1日当たりのトレーニング時間が同じだとすれば、毎日欠かさず学習すればそれだけ早くゴールに到達することになります。しかし、実際には計算通りには行かないことが多いのです。人間は機械ではなく、疲労もするし、気分のむらもあります。学習を続けることで蓄積する心理的な疲労には注意を払う必要があります。英語学習は、スポーツのトレーニングのように怪我をする恐れはないし、肉体的な疲労感はあまり感じません。しかし、長期間気分転換をすることもなく学習を続けていると、気付かないうちに心理的な疲労が溜まってくるものです。疲労が溜まってくると、学習効率が落ちる、トレーニングに向かう気持が萎えるなどの症状が出るようになり、最悪の場合はすっかりやる気をなくし、学習をすっかりやめてしまうということも起こります。規則的に休息を取ることによってこのような事態を防ぐことができます。

　毎日の学習・トレーニングは、1週間に1日は休息日を入れるといいでしょう。1日休みを入れると、次の日からまた新鮮な気分でトレーニングを行なうことができます。もっと長いスパンでは、数カ月に1度、数日から1週間程度の休息を取ることを勧めます。ある程度長い休息期が入ることで、新たな気分で次の数カ月のトレーニングに向かうことができ、上達のうねりを作ることができます。また、TOEICや英検などの受験直後は、数日完全に学習から離れ、気分転換を図ることもお勧めです。本番に向け集中し、学習ペースを上げてきた疲れを癒し、新たなエネルギーを得るのに効果的です。ボクサー

やキックボクサーが試合で怪我を負わなくても、練習や減量などで酷使した肉体と精神を休めるために、試合後の1週間程度はジムワークをまったく行わず完全休養を取るようなものです。トレーニングプランの一部として積極的に休息を取ることで、学習の頓挫を防ぎ、学習効果をあげることができます。

5●仲間を作る

　外国語の学習はマラソンのようなものです。一人で長距離を黙々と走っていくのは孤独なものです。しかし、共に走る人がいれば、随分と気分が変ってくるでしょう。英語学習でも、仲間を見つけることで、孤独感に耐えられず学習を諦めてしまうことを防げます。学校などに通わずに独学をする人も少し周りを見わたせば、同じ目的を持つ伴走者を見つけることは難しくありません。

　週1回から月1回程度の英語・英会話サークルなどはたくさんあります。会費は無料からお茶代程度と負担になるものではありません。軸となる学習プランは自分で立て、普段はそれに沿った学習・トレーニングを行いながら、時々こうした場に顔を出すと、気分を転換になるし、色々な目的、スタイルで英語を学習している人に出会い、刺激を受けることも多いでしょう。

　音読やボキャビルといった基本的には一人で行うトレーニングをテーマにしたサークルもあります。定期的に会って共に合同練習を行ってトレーニングに対するモチベーションを上げたり、次回の会合までのノルマを作ってペースメーカーとして使うなど、さまざまな効果があるようです。

　インターネットの世界では、ブログで多くの英語学習者が自分の学習記録を公開しています。独創的な学習法や学習上の悩みやその解決

法など、英語を独学している人にとって刺激とヒントに満ちた内容です。また、英語学習者同士が集うことを目的としたサイトや掲示板もあり、インターネットは今後も英語独学者の孤独感と閉塞感の大きな突破口となっていくのではないでしょうか？

6●徹底的なポジティブ思考で

英語学習を継続するためには、徹底したポジティブ思考をお勧めします。学習・トレーニングをしている限り、そのプロセスで出てくる結果は、とにかく肯定的に捉えましょう。自分の努力に対して、習慣的に肯定的な気持であるか否定的であるかは、その成果に大きな違いを生みますし、学習・トレーニングの継続の成否そのものを分ける要素です。

例えば、1,000 の英単語を覚えて、しばらくしたら 500 を忘れたとします。これは、がっかりすることではなく、喜ばしい結果です。500 の単語が定着していたということですから。

このことに気を良くして同じ作業を繰り返していけば、語彙は膨れていくだけで、間違っても目減りはしていきません。逆に、半分忘れたということばかり気に病んでしまうと、次のステップを踏む気持も萎えてしまいます。コップに半分の水が入っている時、悲観主義者は「もう半分しか残ってない」と暗い顔になり、楽観主義者は「まだ半分もある」とにんまりとする、というのはよく聞くたとえ話です。砂漠で道に迷っている時、コップに半分の水しかなければ、楽観主義を決め込むのは難しいでしょう。しかし、英語学習はそれほど切羽詰ったことではないのです。一定の期間の後、以前より進歩していればいいのです。底抜けの楽観主義者であることになんの不都合もありません。

英語学習をする際には、中期的、長期的プランを立てることは是非実行したいことですが、計画通りに消化できなくても、がっかりしたり、自分を叱りつける必要はありません。だいたい、計画というのは、仕事が突然忙しくなるとか気分の落ち込みといった不測の事態を計算に入れず立てるものです。まったくの無風、真空の状態を想定しているようなものです。ですから、計画どおりに学習をこなせる人は滅多にいません。計画を立てる最大の意義は、学習・トレーニングの当面の方向性が決まるということです。これによって学習がその場限りの散逸・漏電的なものにならず、成果を生む方向に動き出すということです。計画の70パーセントも消化されていれば、完璧と考えるべきです。

　なにかを学んでいる時に、努力をしているのに、指導者からミスや不完全さを指摘、叱責ばかりされていると気持ちが萎縮してしまいます。自分に対してもこうした懲罰主義のスタイルは百害あって一利なしだと私は思っています。自分を罰したり、鞭打つのはよして、おおらかに、楽観主義でいましょう。

7 ● 効果を性急に得ようとしない

　英語の学習を途中で投げ出してしまう原因の一つは、学習・トレーニングの成果がすぐには実感できないということです。学科としての英語は、勉強した成果をすぐに定期テストなどで確かめられます。しかし、実用のための英語力は一朝一夕でつきません。性急に結果を求めようとせず、鷹揚に構える必要があります。

　英語力がついていく過程は、人の背が伸びるのに似ています。摂取した食べ物が栄養として肉体に行きわたり、適度の運動と十分な休養によって成長が促されすくすくと背が伸びていきます。しかし、成長

期においても、自分の背が伸びる様子を実感できるものではありません。自分の成長を意識するのは、身体測定をして、「去年から随分伸びたなあ」とわかったり、久しぶりに会った親戚のおじさん、おばさんに「会わないうちに大きくなったねえ」と言われる時くらいで、気がつくと背が伸びていたという感じでしょう。ここは鷹揚に構えましょう。きちんと食事をし、日々を送っていれば身長は自然に伸びるように、英語も学習という栄養をとっていれば、日々目に見えない変化が起こっており、しばらくたてば力が伸びているものです。また、身長は、遺伝などの条件もあり、自分の望むところまで伸びるとは限りませんが、英語力は、早い遅いはあっても一定のレベルまで誰でも到達します。

　学習を継続していても、英語力の伸びが一時的に止まることも起こります。プラトーという状態です。これは英語に限らずスポーツや習い事でも同じでしょう。ダイエットでも同じ事が起こります。

　食事制限と運動を始めるとしばらくは順調に体重が減るのですが、あるところで体重計の針がさっぱり動かなくなります。「適応」という状態で、一定量の脂肪が落ちると身体が基礎代謝を低下させ脂肪の分解をストップさせる防衛反応だそうです。この停滞は、実はダイエットが順調にいっている印で、この壁を越せば、体重はまた減りだすのですが、多くの人はがっかりして、ここでダイエットを諦めてしまいます。

　英語のプラトーもまったく同じで、この停滞はずっと続くものではなく、学習さえ続けていれば、また英語力は次のステージへと進んでいきます。鷹揚さと少しばかりの忍耐が英語学習を継続するための必需品です。

第5章
お勧め教材

教材、素材は学習の進行に沿って、はじめは学習者向きのものを利用し、力がつくに従いネイティブ・スピーカー向けの一般素材に移っていくのが効率的です。そのどちらに対しても、日本の英語学習者はたやすくアクセスできます。日本の英語学習のための環境は素晴らしいの一語につきます。出版物はもとより、衛星、ケーブル放送、そしてインターネットを通してありとあらゆる英語に触れることが可能なのです。

　しかしあまりの豊富さに経験の浅い学習者がどれから手をつけていいか途方にくれることはあり得ます。本章では、書店に溢れる有益な教材・素材の一部を紹介してみます。本書の目的は意欲ある英語学習者を、基礎学習の終了地点（TOEIC900前後）まで案内することですから、ここで紹介するものはいきおい学習用素材が中心です。**教材・素材はトレーニング法の種類で分類**しました。個々のトレーニング法については「**英語トレーニング法**」の章を参考にしてください。

＊マークのついている教材は私の教室で継続的にテキストとして使用して大きな効果を上げてきたものです。

1 音読パッケージ

中学英語教科書（各出版社）

すべてはここから始まる。しっかりと吸収すれば素晴らしいスタートを切ることができる。どの出版社のものでも OK。私の教室では、＊**SUNSHINE ENGLISH COURSE（開隆堂）**を使用。本当の初心者は 1 年のテキストから。ある程度の基礎がある人は 2、3 年の 2 冊。

英会話・ぜったい・音読（国弘正雄編・千田潤一トレーニング指導・講談社）

中学教科書の代わりに使える。各レベルに何種類か出版されている。国弘氏の解説を熟読されたし。

高校英語教科書

中学英語教科書を終了した後の標準的素材。私の教室では、＊**GENIUS English COURSE I、II（大修館）**を使用。

英会話・ぜったい・音読・挑戦編（国弘正雄編・千田潤一トレーニング指導・講談社）

各出版社の高校教科書を抜粋したもの。高校教科書の代わりに使えます。

＊What's new?（大杉正明監修・DHC）

NHK ラジオ英語学習番組「What's new?」のアメリカ人講師によるエッセーを収録したもの。書き手がプロのライターではないので、文体にこったところがなく、英文は平易でわかりやすい。朗読も

自然で聴きやすい。現在3冊出版されている。

*20日間集中ジム―英文スピードリーディング・初級編（英文執筆 Geoffrey Tozer, Karl Nilsson・アスク）

　教科書ではない、ネイティブ・スピーカーらしい小気味良い英文に触れる格好のテキスト。初級、中級、上級の3冊シリーズの1冊目。タイトルには初級とあるが、構文さえわかればすんなり理解できる教科書に慣れている人には、最初は少し手強いかも。

*アメリカ口語教本―中級用―（William L Clark 著・研究社）

　古典的な英語学習テキスト。初版は1959年。それだけに題材に古式蒼然としたものがあるが、これだけのロング・セラーであり続けただけのことはある好書。このシリーズで英語力を伸ばした人は多い。音読パッケージには各LessonのPresentation　部分を使用。

*英検準1級リスニング問題

　英検準1級のリスニング問題の後半の長文ものは、精読、音読パッケージの好素材。「英文リーディング大作戦初級」と同じく教科書英語からネイティブ・スピーカーの英語への橋渡しに最適。ただし、独立した教材として出版されていないので、**英検準1級全問題集（旺文社）**のテキストとCDから必要部分を抽出して、自分で編集作成する。20〜30パッセージをまとめると音読パッケージのすぐれた素材になる。

*アメリカ口語教本―上級用―（William L Clark 著・研究社）

　シリーズの最上級テキスト。中級用と同じくPresentation部分を

使用。

＊20日間集中ジム―英文スピードリーディング・中級編（英文執筆 Braven Smillie, Geoffrey Tozer・アスク）

前ページで初級編を紹介した英文スピードリーディングシリーズの中級編。初級よりぐっとレベルの上がった英文。

速読速聴・英単語 Core 1900（松本茂他著・増進会出版社）

文脈型単語集だが、時事英語を音読パッケージの素材として使用。CD は 1 つの英文に対しスローな読みとナチュラル・スピードの読みの 2 つが収録されている。私の教室では、ナチュラル・スピードの部分だけをテープに取って使うことが多い。

＊20日間集中ジム―英文スピードリーディング・上級編（英文執筆 Braven Smillie, Geoffrey Tozer・アスク）

シリーズの最上級テキスト。いかにもネイティブ・スピーカーらしいレトリックが多く、かなり力のある人でも手強く感じる。こうした英語を取り込んでいくと、ネイティブ用の一般の英文がぐっと読みやすくなる。

カリフォルニア留学物語―基礎英語 3 ストーリーブック（佐藤久美子著・NHK 出版）

1998 年度 NHK「ラジオ基礎英語 3」から 60 シーンを抜粋した教材。楽しいストーリーを紡ぐ英語のレベルは、意外なほど高い。あなどるなかれ、読解力・語彙などの基礎がある程度できている人が、しっかりと利用すると TOEIC700 台後半が充分に達成できる素材。

＊決定版やさしいビジネス英語 Vol.1〜3（杉田敏著・NHK出版）

　NHKラジオ「やさしいビジネス英語」で1996年4月から2001年3月まで放送された「荒木裕美シリーズ」から51のベスト・ストーリーを選び、放送されたままの録音を、そのままビニエット部分をセレクトした教材。会話スタイル教材の最高峰。当時この番組を聴いていた人の間では、「ちっともやさしくないビジネス英語」とか、「これがやさしいならあんたは大将ビジネス英語」などと異名を取っていたほど高レベル。会話体をとっているが、実に高尚な文体。広告代理店M&Bのスタッフは、高嶺の花のような難語から、非常にくだけた口語表現まで自在に散りばめ、神々のように語り合う。隠れたボキャビル教材でもある。半分程度でも消化すれば、TOEIC900は軽くクリアできる。私の教室でも、'99年度の番組を上級クラスで素材にしていたので感慨深い。当時は、生徒さん達と、「こんな風に喋れる人って、いないですよねえ」と突っ込みを入れながら勉強してました。

＊ジャパンタイムズ社説集（ジャパンタイムズ）

　TOEIC900前の学習者にとっては最高レベルの音読パッケージ素材。英文自体が高度なので音読パッケージで十分な効果を上げるためには事前によく読み込んで理解することが大切。

2 短文暗唱＝瞬間英作文

第1ステージ用

中学文型集・短文集（各出版社）

　最初の一歩はこれから始めたいもの。さまざまな出版社がさまざまな教材を出版している。1学年、300程度の文は欲しい。私の教室では、オリジナル教材を使っているが、市販の教材では、**＊英語の文型ワーク中学1〜3年（全3冊・教学研究社）**などはお勧め。しかし、構成通り、英文和訳や整序作文などをやって満足しない。あくまでも、短文暗唱＝瞬間英作文トレーニングを行う。英文和訳は答の日本語文から問題の英文を再生、整序作文は日本語だけを見て即座に英作文ができるようにする。

＊どんどん話すための瞬間英作文トレーニング（森沢洋介著・ベレ出版）

　私の教室で4年程使用して修正を重ねてきた教材の書籍化。多くの一般向け文型集・文例集とは異なり、文型・文法レベルはもとより、語彙・表現もほぼ誰でも知っている基本的なものに絞っている。そのため、記憶に負担を掛けることなく、瞬間英作文第1ステージの目的である中学文型・文法の操作トレーニングに集中できる。日本語→ポーズ→英文の順番で録音のCDもトレーニング効果をさらに増加。森沢弥生画伯のイラストも満載！

＊中学英語で言いたいことが24時間話せるPart①②（市橋敬三著・南雲堂）

　'98年の開塾以来、私の教室では定番教材。数多くの学習者の英語回路設置に貢献してきたスグレモノ。2冊合わせて2,000文くらいと

ボリュームもたっぷり。付属CD（最初は別売テープだった）もスピードがあり、実戦的。睡眠時間が必要なので「24時間」は話せないが、英語回路設置効果絶大！

＊英語口─初級編①②（市橋敬三著・アスキー）

レベルは、「中学英語で24時間話せる」とほぼ同じだが、収録センテンスは①②あわせて900弱とコンパクト。各レッスン7つの和文と対応する英文が見開きで収まり、字も大きく見やすく、市橋短文教材の中ではもっともスマートなデザイン。非常に野心的に、こなれた表現を盛り込んでいるので、持て余さないためには、基本文型にある程度慣れた後に使うといいかもしれない。

第2ステージ用

＊愉しみながらの英作文（米沢頼子・明日香出版社）

わら半紙のような紙を使ったいかにも英作文練習帳という体裁の本。しかし、いわゆる5文型で分類しているので、不定詞なら不定詞、受身なら受身というように同じ文法項目が連続しないので、数少ない**文型シャフル**短文集の好教材。英文を作り、書くことを本来の目的にした本だが、それだけで満足しないこと。十分に利益を受けたければ、短文暗唱＝瞬間英作文の方法に則り、瞬間的に口頭で英文が出るようにする。

中学教科書ガイド（各出版社）

短文集・文例集はその性質上、文型・文法項目別に編集されているものがほとんど。したがって、第2ステージの必須課題である文型シャフルに適した教材が少ないもの。しかし、本来短文集でないもの

を利用することできる。中学教科書ガイドがその1つ。日本語訳から逆に英文を作る**英文再生**を行う。音読パッケージに使っていないものを使うと効果的。

高校入試英語長文問題（各出版社）

高校入試用長文問題は格好の**文型シャフル教材**になる。全訳から長文を作り直す英文再生を行う。読んでしまえばたやすい英文も、初めは自分では即座に作れないもの。しかし、基本文を応用自在に作る力を養うためには極めて有効。初見で日本語訳から英文がすらすら出てくるようになれば、第2ステージも完成間近。

＊こう読めばかんたん長文英語！長文問題はテーマをつかめ〈1〉〈2〉（文理）

上に挙げた高校入試英語長文教材の好例。「英語のコンビニ」という全8点からなる高校入試用教材シリーズの中の3点が長文問題となっている。私の教室では'05から英文再生トレーニング用のシャフル教材として使用し、大きな効果を上げている。

第3ステージ

＊必ずものになる話すための英文法　Step1〜7（市橋敬三著・研究社）

市橋氏は長年に渡り文法要素を含んだ短文をマスターすることにより英語を身につけることを唱導されており、著書も一貫してこのスタイルに基づいている。入門から上級まで7Stepに分かれ、文法別、パターン別に練習しながら、活きの良い口語表現を学ぶことができる。

英語が話せる魔法の英文法シリーズ（全5巻）（市橋敬三著・南雲堂）

またまた市橋短文教材。「中学英語で24時間話せる」の延長線上にある教材。「24時間」より高度な文法項目を扱っているが、文法要素を非常に実際的でこなれた短文の中でマスターさせようという趣旨は同じ。全5冊のうち3冊には「3週間で英語が話せる」というタイトルがついているが3週間で完成させるのは無理。

松本亨英作全集（全10冊）（英友社）

英作文の古典的名著。その数10冊。私は20歳代半ば8冊目まで完成し、効果は大きかった。英作文を考えて書く構成になっているが、必ず口に落ち着かせ瞬間的に英文が出るようにする。

会話作文英語表現辞典（朝日出版社）

日本語とそれに対応するさまざまな英語表現を並べた辞典。非常に好評だったため現在ではまったく同じ構成で、フランス語、ドイツ語など他言語のバージョンも出ている。辞典という形態のため収録文の数は膨大なので1回に100〜300文程度を抽出してマスターしていくのがいいだろう。私は本の頭からやっていき、トータル約870ページの600ページあたりまでやった。

大学入試用構文集（各出版社）

第3ステージの早い段階でマスターしておきたいのがいわゆる大学入試構文。100〜150の構文をマスターしてしまえば、英語の文型にはけりがつく。400〜700程度の短文を収録したものを使うといい。私の教室では、**ポイントスタディ基礎英語構文100**（ピアソン桐原）を使用。やや淡白なので多少補足しながら使っている。この本の

暗唱用の代表文は 100 とされているが、全然足りないので、英文和訳用の問題を逆に日本語文から英文を作る形で利用し、合計 400 文程度を短文暗唱＝瞬間英作文の素材としている。大学入試構文は第 3 ステージの中でも、マスターするのがもっとも容易。第 2 ステージまでで基礎回路ができ上がっていれば、「話すための英文法」1 冊をマスターする半分以下の労力で習得できる。

3 文法

1. 高校入試用文法問題集（各出版社）

中学文型がだいたい身についた時に使うと知識が整理され効果的。もともと基礎のある人はこのレベルは短文暗唱＝瞬間英作文だけをやり文法問題集は省いても良い。

2. 大学受験用文法問題集（各出版社）

文法の基礎を完成するためには絶好の素材。毀誉褒貶ある受験業界だが、やはり使える。数ある問題集の中から書店でページをめくってみて、解説などが自分と相性の良いものを選べばよい。目安は、答えだけでなく割りと詳しい解説がある**参考書型問題集**で、素直で標準的なレベル（センター試験レベルともう1つ上のレベルまでで十分）のものが良い。間違っても、難問集の類には手をつけない。文法のための文法をやると本質的な英語学習から逸れて袋小路に入ってしまう恐れあり。大学受験レベルの問題集を2冊もこなせば文法の骨格は完成。しかし、問題解きだけでは駄目。**「英語トレーニング法」の文法の項**を参考にして身につく学習法を実践されたし。

＊精選英文法・語法基本問題演習（綿貫陽著・旺文社）

要を得て簡という感じのお勧め問題集。問題文も素直。私の教室では定番教材。通称シリウス・ジュニア。収録問題数約660というのも手頃。

精選英文法・語法問題演習（綿貫陽著・旺文社）

シリウス・ジュニアの親版。通称親シリウス。収録問題数も約1470

とジュニアの2倍以上。シリウス親子は頼りになる。

ロイヤル英文法問題集（綿貫陽・池上博・旺文社）
　おおっと。また綿貫本だ。でもホントに使いやすくてためになる本書かれてるんだ、綿貫先生。ご存じロイヤル英文法の準拠問題集。もちろん独立して用いてもOK。

3．TOEIC・TOEFL用文法問題集
　大学受験用文法問題集を本当にマスターすれば、本来TOEICやTOEFL用の文法問題集を特別にやる必要はない。大学受験で文法は苦手ではなかったのにTOEIC・TOEFLには歯が立たないというのは、問題解きをやっていただけで、文法が感覚的に身についてないから。しかし、受験ものはもう二度と見たくないというトラウマを抱える人は、TOEIC・TOEFL用文法問題集で文法のやり直しをするのも一法。ただ、今度こそしっかり身につく方法で学習しよう。問題を解くだけでは、どんな問題集を使おうと、また同じことの繰り返し。

＊TOEIC文法鉄則大攻略・急所総攻撃（長本吉斉著・明日香出版社）
　ロングセラーの2冊セット。確かに良い本。くだけた話し口調の解説は親しみやすい。ただし、TOEICのスコアによる問題の難易度分類はあまりあてにならない。

＊徹底攻略TOEIC文法編（川端淳司著・テイエス企画）
　700ページを越えるボリュームに圧倒される。しかし腰を据えて取り組めば力がつくのは確実。例えるなら、冗談は通じないが、しっかり教えてくれる謹厳実直型の教師という感じか。有名トーフル専門

校が出版母体なので、問題文は TOEIC より TOEFL の匂いがする。しかし文法に TOEIC も TOEFL もない。

＊TOEIC TEST 文法別問題集（石井辰哉著・講談社）
　著者は連続 3 回満点の記録を持つ TOEIC マスター。なるほど文法の達人と思わせる本。といっても、奇をてらうマニアック本ではなく、文法の本質を押さえながら従来の教材とは異なった角度から文法を照らし出してくれる。解説も異才を感じさせる。上級向き。私も勉強させてもらってます。

TOEFL 対策完全英文法（阿部友直著・テイエス企画）
　有名 TOEFL 専門校の手になる 650 ページを超える重厚な問題集。勉強しなさい、という感じ。ここは素直に勉強しよう。

550 征服 TOEFL グラマー（荒井貴和著・荒竹出版）
　基礎編と応用編の 2 部構成。レベル的にも分量的にも手頃。

4 精読

音読パッケージ用教材

　前掲の音読パッケージ用教材はすべて精読の教材として使える。音読パッケージは楽に読める教材を使うのが原則で、精読はやや背伸びをする感じの素材を使う。たとえば、音読パッケージに中学教科書を使いながら、精読では高校教科書や「英文リーディング」を読み解いていくというように。精読したものを、基底能力が上がった時点で音読パッケージの素材にしていくように、リレーの形にすると効率的。

大学受験用英文解釈教材（各出版社）

　英文解釈という言葉はひょっとして死語？いずれにしても、大学受験用教材の構文分析などの解説は、一般の教材と比べて懇切で丁寧。

5 多読

プレ多読

＊Yohan Ladder Editions（洋販出版）

　有名な文学作品、童話などを、使用単語に制限を加えて書き直したシリーズ。使用単語を1000〜5000までの5段階に分け、1000語レベルは★一つ、2000語レベルは★2つというように星の数で単語レベルを表示。私の教室でもプレ多読の必須素材。主に1000語（★）〜3000語（★★★）レベルのものを使用。このシリーズは語彙制限こそすれ、構文にはあまり手心を加えていないので、語彙制限本の中でももっとも手強く感じる人多し。それだけに英語特有の表現になれることができ、一般の英文多読に入っていくための準備には最適。

＊HEINEMANN ELT シリーズ

　オリジナルをやさしい英語で書き直したシリーズ。5つのレベルに分かれ、語彙の他、文にも制限が加えられている。巻末に読解チェックの問題つき。Ladderシリーズより薄く初心者のプレ多読導入に効果大。

＊PENGUIN READERS

　7レベルに分かれる語数制限本。映画の原作など現代物も多い。薄くて手軽なところはHIENEMANNシリーズと同じ。

対訳現代作家シリーズ（南雲堂）

　左ページに原文、右ページに日本文が載っている対訳本。まず日本文を読み概要をつかんでからその部分の英文を読んでいくという使い方が効果的。ほぼすべて文学作品。英文科大学生の原書講読用のアンチョコとして使われることが多いのかもしれないが、文学作品を読むのが好きな人にとってはプレ多読に格好の素材。

高校生用副読本（各出版社）

　高校生用のサブリーダー。高校生用なので、すでに挙げた語彙制限本よりずっとやさしいが、読んで面白いものがたくさんある。ジャンルも文学作品、評論、エッセー、ノンフィクション、笑い話と多岐にわたる。英語特有なレトリックや文体を避け、ごく簡単な構文パズルで読み解けるようにするなど、かなり手心が加えられているが、量をこなしやすい。実際にこうした素材を多読している高校生はほとんどいないようだ。やる気の無い高校生の代わりに、どんどん利用させてもらおう。

英字新聞ウィークリー版

　学習初期は日刊の英字新聞は溜まっていくばかりで手に余るのが多いもの。ならば、週刊もので。学習者のために語義説明や記事の背景解説付きのものもある。**週刊 ST** はお勧め。

一般の多読

　プレ多読が終わって一般の多読に入ってしまえば、もう何のアドバイスも不要。好きなものを好きなように読めば良し。読書好きにはもはや学習ではなく悦楽。

6 語彙増強＝ボキャビル

＊DUO（鈴木陽一著・アイシーピー）

1つの例文中に複数のターゲット単語を散りばめた画期的な**例文型単語集**（「英語トレーニング法」ボキャビルの項参照）。しかも、例文は自然で遊び心に溢れている。6000語レベル。DUO以降同じ形式の単語集が数多くでたが、例文がギクシャクするなどうまくない。髪型、格好だけキムタク風に決めたお兄ちゃんというテイのものが多い。今のところDUOは他の追随を許さない孤高の風情。英語学習者のためには、良質のDUO型単語集に次々と出現して欲しいもの。街中がキムタク・レベルのイケメンで溢れ返ることより望まれる。

＊速読速聴英単語（松本茂監修・増進会出版社）

音読パッケージ、精読にも使える**文脈型単語集**（「英語トレーニング法」ボキャビルの項参照）。題材が時事英語なので堅い単語が多い。6000語レベル。

＊新 TOEIC TEST 頻出 1200 語スコア 730 レベル
（白野伊津夫・Lisa A. Stefani 著・語研）

5000～8000語レベルの単語をターゲットにした1センテンス1ターゲット単語の従来型の例文型単語集。4週間完成の構成となっているが、捕らわれることなく自分のペースで。8000語レベル。

＊新 TOEIC TEST 必修 1200 語スコア 860 レベル

（白野伊津夫・Lisa A. Stefani 著・語研）

「頻出」の上のレベルの単語集。構成は同じ。1万語レベル。

＊英検 Pass 単熟語準 1 級（旺文社）

英検用だが広範囲に使える。1万語レベル。

＊時事英語教本―応用編―（高橋義男・松山薫著・同文書院）

1万語レベルの単語を習得するための優れた教材。題材は時事英語。ボキャビルの他、リスニングにも好素材。

＊英検 Pass 単熟語 1 級（旺文社）

15,000、16,000 語レベルを越える難単語をカバーできる数少なく貴重な単語集の一つ。

7 リスニング

音読パッケージ用教材

音読パッケージ用に挙げた教材はすべてテープ・CD などの音声媒体が付いていて、良質のリスニング素材として利用できる。

The English Journal（アルク）

ご存じ語学出版会の雄、アルクの月刊誌。インタビューをトランスクリプションを利用してさまざまなレベルのリスニング（「英語トレーニング法」リスニングの項参照）に使う。

インタビューフラッシュ（アルク）

The English Journal の過去のインタビューのコレクション。トランスクリプション、訳付き。

ニュースフラッシュ（アルク）

生ニュースコレクション。放送をそっくり録音したものなので正に生の英語に触れられる。しかもトランスクリプション、訳、語釈付き。**AFN（旧 FEN）、BBC、VOA** など複数の放送局のものがある。20 数年前 FEN（現 AFN）の正時ニュースを必死に聴いている頃、こんな教材があればと節に願ったものだ。時は移れり。こんな夢のような教材が無造作に書店に並ぶ現在、日本人の英語力は一変した！…ということはないようだ…。

映画シナリオ教材

　これも正に夢の教材。むか〜し、おじさんの若い頃、「スクリーンイングリッシュ」といったかの、映画のさわり部分の、そのまた切れっぱしの生録音とセリフを載せておる月刊誌があってのう。その1分かそこらの音声を聴き、セリフを読みたいばっかりに、おじさんは毎月その雑誌を買ったもんじゃ。と、物資欠乏体験を語る戦争体験者の気分にさせてくれる教材。なにせ映画まるごと一遍のセリフを書き起こした教材だ。それが次から次と刊行される。おまけにビデオ・DVDから映画の音声は簡単に手に入れられるときてる。えらいこっちゃ！回覧版回さなきゃ！え、騒いでるのは私だけか？こうしたことが当たり前のこととなって久しい現在、日本の若者は洋画を字幕なしで楽しんでいる…ということはないようだ。しかし、ホントに日本という国は英語学習者のために完璧な環境が揃っている。環境だけは…閑話休題。このジャンルの教材には種類もさまざま。**スクリーンプレイ（スクリーンプレイ出版）、SCREEN ENGLISH、（タトル出版）、アルク・シネマ・シナリオシリーズ（アルク）、cine—script book（マガジンハウス）、MOVIE SCRIPT（SSコミュニケーションズ）、DHC完全字幕シリーズ（DHC）**などと百花繚乱の感がある。

著者略歴
森沢洋介
1958年神戸生まれ。9歳から30歳まで横浜に暮らす。
青山学院大学フランス文学科中退。
大学入学後、独自のメソッドで、日本を出ることなく英語を覚える。
予備校講師などを経て、1989〜1992年アイルランドのダブリンで旅行業に従事。TOEICスコアは985点。
ホームページアドレス　http://homepage3.nifty.com/mutuno/
著書:『CD BOOK どんどん話すための瞬間英作文トレーニング』『CD BOOK スラスラ話すための瞬間英作文シャッフルトレーニング』『CD BOOK ポンポン話すための瞬間英作文パターン・プラクティス』『CD BOOK バンバン話すための瞬間英作文「基本動詞」トレーニング』『英語構文を使いこなす瞬間英作文トレーニング マスタークラス』『CD BOOK みるみる英語力がアップする音読パッケージトレーニング』『CD BOOK NEW ぐんぐん英語力がアップする音読パッケージトレーニング 中級レベル』(ベレ出版)

英語上達完全マップ

2005年10月25日　初版発行 2025年4月29日　第38刷発行	
著者	森沢洋介
カバーデザイン	竹内雄二
本文イラスト・図表	森沢弥生

© Yosuke Morisawa 2005. Printed in Japan

発行者	内田真介
発行・発売	ベレ出版 〒162-0832 東京都新宿区岩戸町12レベッカビル TEL　03-5225-4790　FAX　03-5225-4795 ホームページ https://www.beret.co.jp/
印刷	三松堂株式会社
製本	根本製本株式会社

落丁本・乱丁本は小社編集部あてにお送りください。送料小社負担にてお取り替えします。

ISBN4-86064-102-7 C2082　　　　　　　　　編集担当　綿引ゆか